Siehst du den Mond?

Siehst du den Mond?

Gedichte aus der deutschen Literatur

Herausgegeben von Dietrich Bode

Philipp Reclam jun. Stuttgart

Satz und Druck: Reclam, Ditzingen
Buchbinderische Verarbeitung: Kösel, Krugzell
Printed in Germany 2010
RECLAM ist eine eingetragene Marke
der Philipp Reclam jun. GmbH & Co. KG, Stuttgart
ISBN 978-3-15-010782-9

www.reclam.de

O Fortuna, velut luna
statu variabilis,
semper crescis aut decrescis;
vita detestabilis …

CARMINA BURANA

Eile nicht, bleibe, Gedankenfreund!

FRIEDRICH GOTTLIEB KLOPSTOCK

Alt ist er wie ein Rabe

MATTHIAS CLAUDIUS

Ein fremdes, aber o ein mildes Licht

ANNETTE VON DROSTE-HÜLSHOFF

Marie: Was der Mond rot aufgeht!
Woyzeck: Wie ein blutig Eisen.

GEORG BÜCHNER

PAUL FLEMING

An den Mohn

Du / die du standhafft bist in deinem Unbestande /
Steig' / Hekate / herab; Ich singe dir ein Lied /
ein Lied von meiner Zier / die itzt auch nach dir sieht /
ob ich schon bin sehr weit von ihr und ihrem Lande.
Komm / Berezynthie / zu dieses Strohmes Rande /
an dem ich geh' herüm / da meine Hoffnung blüht /
du weist es / Delie / was itzt mit ihr geschicht:
Du weist es / wie es steht ümm meine Salibande.
Komm / Föbe / Tag der Nacht / Diane / Borge-liecht /
Warsägrinn / Lieder-Freund; Komm / Lune / säume nicht;
Die gantze Welt die schläfft. Ich wache dich zu loben.
Strohm-Fürstinn / Jäger-Frau / Nacht-Auge / Horn-Gesicht' /
Herab; Itzt fang' ich an / das süße Lob-Gedicht'.
Und kömst du nicht herab / so hör es nur dort oben.

Hekate: griechische Göttin der Unterwelt, die nächtens Dämonen in die Welt sandte und mit Artemis und Selene und so auch mit dem Mond in Verbindung gebracht wurde.
Berezynthie: Beiname der phrygisch-griechischen Muttergottheit Kybele, die hier als Mondgöttin aufgefaßt wird.
Delie: Beiname der auf der Insel Delos geborenen Göttin Artemis, der jungfräulichen Jägerin (»Jäger-Frau«), die dem Mond zugeordnet wurde.
Föbe: Phoibe, Name der Artemis bzw. Diana.

BARTHOLD HEINRICH BROCKES

Betrachtung des Mondscheins in einer angenehmen Frühlings-Nacht

Sing-Gedichte

Sir. XLIII, 6
Der Mond in aller Welt muß scheinen zu seiner Zeit.

Kaum hatte sich die Nacht zu zeigen angefangen,
Die, nach der Hitze Last, der Kühlung Lust verhieß;
Als sich ein neuer Tag, dem Schein nach, sehen ließ.
Der volle Mond war aus dem grauen Duft,
Der, nach des Tages schwüler Luft,
Mit Purpur untermischt, den Horizont bedeckte,
Und sich rings um die Erde streckte,
Wie röthlich Gold, nur eben aufgegangen;
Aus dessen wandelbarem Kreise,
Der alles in der Nacht mit Licht und Schimmer füllt,
Auf eine wunderbare Weise
Mehr Anmuth noch, als Licht und Schimmer, quillt,
Die große Scheibe gläntzt' in einer güld'nen Glätte,
Worauf jedoch recht hell und klar,
Als ob sie ein Gepräge hätte,
Ein schattigtes Gesicht zu sehen war.
Es war die heit're Luft gantz rein:
Man sah von Duft und Wolcken nichts:
An statt des Monds sonst kalt- und blassen Lichts
Schien ein fast röthlich-gelber Schein
Dem warmen Ur-Stral gleich zu seyn.

Hiedurch gereitzt und halb entzücket
Gieng Thirsis auf das Feld,
Um, bey so heit'rer Nacht,
Die, durch des Mondes helle Pracht,
Zum Nutz und Schmuck bethaute Welt,
Die man nicht gnug bewundern kann,
In stiller Andacht zu betrachten;
Da viele Gegen-Würf' ihn dann
Auf folgende Gedancken brachten:

In dieser lichten Dunckelheit
Und zweifelhaften Heiterkeit
Entfärben sich die Farben, und verschwinden:
Man kann nicht einst die Spur von ihrem Wesen finden.

ARIOSO

Wenn hier, so bald die Nacht gebohren,
Sich aller Farben Glantz verlohren,
Und nur allein, im klaren Thau,
Ein ungewisses grünlichs Grau
Der feuchten Felder Fläche schmücket;
Seh' ich am Himmel, halb entzücket,
Ein lichtes Sternen-reiches Blau;
Wodurch, wenn ich, wie folget, schliesse,
Ich gantz besondern Trost geniesse.

ARIA

Wie, wann die Farben auf der Welt
Des Nachts verschwinden;

Wir allererst am Sternen-Zelt
Die allerschönsten Farben finden;
So werden wir nicht eh'r, als in der
Todes-Nacht,
Da ird'scher Farben Glantz und Schmuck
für uns vergehen,
Der Himmel Himmel sel'ge Pracht
Im Glantz, der unaussprechlich, sehen.

Oft schweb't ein fast durchsicht'ger, dünner Duft,
Im grünlich-weissen Glantz vom Mond verkläret,
Als wie ein silbernes Gewölck, in blauer Luft,
Der denn des Himmels Pracht und Thirsis Lust
vermehret.

Man kann nicht leicht was rein- und hellers sehen,
Als wenn, an den gestirnten Höhen,
Des tiefen Raums Sapphir'nes Blau,
Der zarten Wolcken bunten Schleier,
(Den bald ein hell- und bald ein dunckel-Grau,
Bald ein fast blendend weiß- und bald ein gelblichs
Feuer
Mit Strichen mancher Art, mit tausend Bildern,
schmückt;)
Durch stille Kraft gemach an manchem Ort
zerstückt:
Da denn der Öffnungen so lichte Grentzen
Der Tiefe Dunckelheit noch mehr verdunckeln,
Wodurch hiernächst der Sternen Strahl- und
Gläntzen
Noch desto feuriger und angenehmer funckeln.

Im nah geleg'nen Thal,
Woran ein Wasser grentzte,
Das, durch des Mondes weissen Strahl,
Recht wie ein fliessend Silber gläntzte,
In einem dichten Busch, woran der Blätter Grün
Nicht grün, nicht grau, nicht falb, auf einmal alles schien;
Sah er darauf mit innigem Vergnügen,
Durch sanft-beweg'ter Zweige Ritzen,
Den regen Silber-Schimmer blitzen,
Und, kleinen Lichtern gleich, bald auf- bald abwärts fliegen,
Die das Gebüsche zwar mit hellem Glantze mahlten,
Doch auch, durch dessen Nacht, selbst wieder heller strahlten.
Er sah, mit recht vergnügtem Hertzen,
Auf manchem weissen Bircken-Stamm,
Der fast dem Silber ähnlich kam,
Der Blätter Schatten lieblich schertzen.
Er sah, durch ihre weisse Rinde,
Das allgemeine Schwartz der Schatten-reichen Gründe
Mit lieblicher Veränd'rung unterbrechen,
Und ihre Dunckelheit theils stärcken, theils auch schwächen.

Ein helles Schlag-Licht fiel zuweilen in das Gras,
So vom gefall'nen Nacht-Thau naß,
Und macht' oft eine kleine Stelle,
Recht mitten in dem Schatten, helle,

Welch holdes Licht und Schatten-Spiel
Den Augen Wunder-wohl gefiel.
Indem er sich hierob ein wenig nun besann:
Fing er von neuen an:

ARIA

In den angenehmen Büschen,
Wo sich Licht und Schatten mischen,
  Suchet sich in stiller Lust
Aug' und Hertze zu erfrischen;
  Dann erheb't sich aus der Brust
Mein zufriedenes Gemüthe,
Und lobsingt des Schöpfers Güte.

Durch allgemeine Schatten bricht
Ein sanftes Licht,
In welchem Dunckelheit mit sanfter Klarheit
schertzet,
Und sich so wunderbar vereint,
Daß öfters jenes Strahl geschwärtzet,
Und dieses Schwartz versilbert, scheint.

Indem ich nun auf einer Stelle,
Die recht vor andern helle,
Mit rechter Überlegung achte,
Und dieses Lichtes Grad betrachte;
Fiel mir darüber ein:
Es würde dieses Licht kein Licht, nicht helle seyn,
Und nicht so augenfällig funckeln,
Erblickte man es nicht im Dunckeln.

Der Schatten Dunckelheit allein
Verursacht diesen Glantz, gebieret diesen Schein
Durch ihren Gegen-Satz. Sollt' auch einmahl
Des Tages Licht, der Sonnen-Strahl,
Erscheinen, und mit diesem Licht sich gatten;
Würd', allem Ansehn nach, dieß Licht zu Schatten,
Das Weisse schwartz, das Helle dunckel werden.
Ich dachte ferner nach: Da hier auf Erden
Ein grössers Licht ein kleiners dunckel macht;
Ob es nicht glaublich sey, daß auch der Sonnen
Pracht,
Durch das noch grössre Licht der Gottheit, Schatten,
Nacht,
Und noch viel dunckeler, als wie des Mondes Schein
Im Gegensatz der Sonne, selbst wird seyn.
So führt demnach das Licht uns Staffel-weise,
Zu des selbst-ständigen und ew'gen Lichtes Preise.

Mit nicht geringerer Vergnügung, Lust und Freude
Erfüllte sein Gesicht,
Als er sich umgewandt, ein funckelnd Licht
Aus einem zierlichen Gebäude,
Das von den Scheiben rückwärts strahlte,
Und gleichsam sich zum Mond, den Mond zur
Sonne, macht',
Ja nicht viel weniger die falbe Nacht,
Als seine Quelle, helle mahlte.
Es schiene fast in allen Zimmern
Aus jeder Scheibe Glas ein heller Stern zu
schimmern.

ARIOSO

Ach möchte doch auch mein Gemüthe,
Zugleich im heitern Monden-Schein,
Von seines Schöpfers Macht und Güte
Gerührt und angestrahlet seyn!
Ach möcht' auch ich, wie hier die Scheiben
Das Licht des Mondes, so das Licht
Empfund'ner Gnaden rückwärts treiben,
Damit durch mich mein Nächster mercken,
Wie die Natur so Wunder-schön,
Und so in meinen guten Wercken
Mein Licht auch möge leuchten sehn!

Wie die durchs Sonnen-Licht bestrahlte Fluth
Ein gläntzend Glas zu seyn; so scheinet hier das Glas
Ein von der Sonnen Gluht bestrahltes schimmernd
Naß,
Nur mit dem Unterscheid, zu seyn:
Das des bestrahlten Wassers Schein
Und seine Wellen flach und niedrig wallen,
Da diese funckelnde Krystallen,
Die wir in solchem Schimmer sehn,
Erhaben in der Luft, (und, wo wir uns nicht drehn)
Samt Schein und Wellen, stille stehn.
Verändert sich hingegen unser Stand;
So ändert sich auch gleich der wandelbare Schein:
Es wird auf einer jeden Stelle
Der ungewisse Glantz bald dunckel und bald helle.

Wie Kält' und Wärme sich, wie Licht und Schatten,
Aus denen Dämmerung und Kühlung spriessen,
gatten:
So mischt sich Lust und Furcht, woraus ein süsses
Schrecken
In angenehmer Stille quillt,
Das, wie es Wiesen, Wald und Hecken,
So auch der Menschen Hertzen, füllt.

ARIA

Süsse Stille, sanfte Quelle
Ruhiger Gelassenheit!
Selbst die Seele wird erfreut,
Da, in deiner Süßigkeit,
Ich mir hier nach dieser Zeit
Voll mühsel'ger Eitelkeit,
Jene Ruh vor Augen stelle,
Die uns ewig ist bereit.
Süsse Stille, *etc.*

Doch dieser Stille Süßigkeit
Ward, aus der Hecken Dunckelheit,
Noch süsser unterbrochen.
Es schlug die Sängerinn der Nacht,
Der Büsche Königinn, die Nachtigall,
Von welcher man den mannigfalt'gen Schall
Nicht zählen noch begreifen kann,
Mit holer Stimme feurig an,
Und ließ des Mondes Silber-Pracht
Und kühlem Schatten-Licht zu Ehren,
Bewunderns-werthe Lieder hören.

ARIA

Der schallenden Nachtigall liebliche Lieder
Bezaubern der Hörer empfindliches Hertz;
Ihr künstliches Gurgeln, ihr klingender Schertz,
Ihr gluckendes lockendes lachendes Singen
Kann Geister entzücken, kann Seelen bezwingen,
Dem gütigen Schöpfer ein Lob-Lied zu bringen.

Bey diesem reinen Ton der reitzenden Gesänge
Wreckeckeckeckst' und quackt' im feuchten Rohr,
Worin er sich erquickt, der Frösche heis'rer Chor
Mit knarrendem Geschwätz', in solcher Menge,
Daß es nicht anders ließ,
Als ob Gras, Kräuter, Laub und Ären,
Die Wasser-Tropfen, Sand und Kies
Zu lauter Fröschen worden wären.
Ihr fröhlicher Gesang
Glich einem hertzlichen und unbesorgten Lachen,
Wodurch sie oft, mit süssem Zwang,
Uns, wider Willen, fröhlich machen.
Oft schien es, wenn ihr laut Getöse sich vermehrte,
Als wenn man Wasser-Fäll' und Mühlen rauschen hör'te;
Ein Laub-Frosch stimmt jetzt hier, jetzt dorten, dem Geschrey
Mit einem trocknen Schall und heisern Krechzen bey,
Wobey denn auch der schnarrende Gesang
Des Grase-Königs sanft erklang.
Da alles nun so angenehm vermischt,
Ward er zu folgender Betrachtung angefrischt:

ARIA

Vertreib auch du, vergnügtes Hertze,
Der Blindheit Nacht, des Undancks Schwärtze!
Des Mondes Silber-weisser Schein
Macht einen Eindruck bey den Thieren;
Und dich allein
Soll seiner Strahlen Glantz nicht rühren?

Wenn, nach des weissen Lichtes Quell,
Wodurch so Nacht als Schatten hell,
Dem klaren Mond, ich Aug' und Hertze lencke,
Und mit Aufmercksamkeit bedencke,
Daß dieses Licht allein der Sonnen Licht,
Als deren Glantz und heller Strahlen Pracht
So gar auch in der dicksten Nacht,
Wenn alle Dinge sich in schwartze Schatten hüllen,
Das gantze Firmament dennoch erfüllen:
Davon durch sie zugleich im Dunckeln
Die Cörper der Planeten funckeln;
Erstaun' ich, daß der Sonnen Gluht,
Zu unserm Nutzen, nimmer ruht.
Dann da sie nicht des Nachts sich selber zeigen kann:
So strahlt sie doch im Gegenschein uns an.
Mein Hertz entbrennt, und meine Seele glühet
Ob dieses Wunders Eigenschaft,
Wenn sie dieß Licht und dessen Kraft
Mit Andachts-vollen Augen siehet.

ARIA

Lebens-Feuer, helle Sonne,
  Fürst des Lichts, Monarch der Zeit,
Wahrer Ursprung aller Wonne,
  Vater aller Fruchtbarkeit!
Deine Herrschaft, ohne Schrancken,
Übersteiget die Gedancken;
  Deines Lichtes Lebens-Schein
  Scheint was Göttliches zu seyn.

Indem ich, fuhr er fort, nun hievon dichte,
Empfind' ich, daß ein Trieb den Geist
Zu einem noch weit grössern Lichte,
Zu dieses Wunders Schöpfer reisst,
Der, unbegrenzt, allein dieß All begrenzt,
Dem er allein das Seyn, Beweg- und Wirkung giebet;
Der jede Creatur, in ew'ger Liebe, liebet;
Durch den, so wie der Mond durch sie, die Sonne glänzt;
Ja Der, in hundert tausend Sternen,
Giebt hundert tausend Sonnen, Schein:
Woraus wir, welch ein Licht Er Selber müsse seyn,
Vor Ehr-Furcht gantz erstaunt, erkennen lernen.
Wodurch ich denn gerührt in Demuth niederfalle,
Und, heisser Andacht voll, ihm dieß zu Ehren lalle:

ARIA

Vater des Sternen-Lichts! Sonne der Sonnen!
  Ewiger Klarheit unendliches Meer,
  Aus welchem der Sonnen unzählbares Heer,
Gleichsam wie funckelnde Tropfen, geronnen:

Dessen untheilbare feurige Triebe
Lauter Barmhertzigkeit, Mitleid und Liebe,
Gütigkeit, Segen, Erbarmen und Leben;
Deinem allmächtigen Wesen zum Preise,
Müssen Dich ewig die leuchtenden Kreise,
Wir, ja die Himmel der Himmel, erheben!

* * *

Als ich jüngst dieses Nacht-Gedicht,
Nachdem ich bey dem Monden-Licht
Spatziren war gewesen,
Unmittelbar darauf gelesen;
Erschrack ich recht, weil ich befand,
Und mit gerührter Seel' erkannt,
Wie zwischen meiner Schmiererey
Und dem Original so wenig Gleichheit sey.

FRIEDRICH GOTTLIEB KLOPSTOCK

Die frühen Gräber

Willkommen, o silberner Mond,
Schöner, stiller Gefährt der Nacht!
Du entfliehst? Eile nicht, bleib, Gedankenfreund!
Sehet, er bleibt, das Gewölk wallte nur hin.

Des Mayes Erwachen ist nur
Schöner noch, wie die Sommernacht,

Wenn ihm Thau, hell wie Licht, aus der Locke träuft,
Und zu dem Hügel herauf röthlich er kömt.

Ihr Edleren, ach es bewächst
Eure Maale schon ernstes Moos!
O wie war glücklich ich, als ich noch mit euch
Sahe sich röthen den Tag, schimmern die Nacht.

Die Sommernacht

Wenn der Schimmer von dem Monde nun herab
In die Wälder sich ergießt, und Gerüche
Mit den Düften von der Linde
In den Kühlungen wehn;

So umschatten mich Gedanken an das Grab
Der Geliebten, und ich seh in dem Walde
Nur es dämmern, und es weht mir
Von der Blüthe nicht her.

Ich genoß einst, o ihr Todten, es mit euch!
Wie umwehten uns der Duft und die Kühlung,
Wie verschönt warst von dem Monde,
Du o schöne Natur!

JOHANN WILHELM LUDWIG GLEIM

An den Mond

Dein stilles Silberlicht
Erquickt mir mein Gesicht.
O Mond, Gedankenfreund, ich sehe dich von weiten
Und winke dich zu mir,
Und bin nicht weit von dir,
Und denk an schönre Zeiten.

Wer einst, du lieber Mond,
In diesem Hüttchen wohnt
Und sieht dein Silberlicht, dem magst du keine Falten
Auf seiner Stirne sehn,
Magst still vorübergehn
Und ihn für glücklich halten.

Daß ichs nicht bin, sag ich
Nur dir und tröste mich, –
O Mond, Gedankenfreund, – daß stille Nächte kommen!
Dir nur vertrau ichs, dir:
Schon manche Nacht hat mir
Des Tages Gram genommen!

CHRISTIAN FELIX WEISSE

Die Nacht

Der schöne Mond! sanft grüßt er mich!
Die jungen Blumen schließen sich,
Und Still ist allerwegen!
Nur an dem nahen Wasserfall
Schlägt die verliebte Nachtigall!
Wär Thyrsis itzt zugegen!

Nein Thyrsis! – welchen süßen Schmerz
Singt Philomele mir ins Herz,
Es schmilzt von ihren Klagen:
Ach Thyrsis! wenn du jetzo kämst,
Mich küssend in die Arme nähmst,
Was könntest Du nicht wagen?

MATTHIAS CLAUDIUS

Ein Wiegenlied bei Mondschein zu singen

So schlafe nun du Kleine!
  Was weinest du?
Sanft ist im Mondenscheine,
  Und süß die Ruh.

Auch kommt der Schlaf geschwinder,
  Und sonder Müh;
Der Mond freut sich der Kinder,
  Und liebet sie.

Er liebt zwar auch die Knaben,
  Doch Mädchen mehr,
Gießt freundlich schöne Gaben
  Von oben her

Auf sie aus, wenn sie saugen,
  Recht wunderbar;
Schenkt ihnen blaue Augen
  Und blondes Haar.

Alt ist er wie ein Rabe,
  Sieht manches Land;
Mein Vater hat als Knabe
  Ihn schon gekannt.

Und bald nach ihren Wochen
  Hat Mutter mal
Mit ihm von mir gesprochen:
  Sie saß im Tal

In einer Abendstunde,
  Den Busen bloß,
Ich lag mit offnem Munde
  In ihrem Schoß,

Sie sah mich an, für Freude
  Ein Tränchen lief,
Der Mond beschien uns beide,
  Ich lag und schlief;

Da sprach sie! »Mond, o! scheine,
  Ich hab sie lieb,
Schein Glück für meine Kleine!«
  Ihr Auge blieb

Noch lang am Monde kleben,
  Und flehte mehr.
Der Mond fing an zu beben,
  Als hörte er.

Und denkt nun immer wieder
  An diesen Blick,
Und scheint von hoch hernieder
  Mir lauter Glück.

Er schien mir unterm Kranze
  Ins Brautgesicht,
Und bei dem Ehrentanze;
  Du warst noch nicht.

Abendlied

Der Mond ist aufgegangen
Die goldnen Sternlein prangen
  Am Himmel hell und klar;
Der Wald steht schwarz und schweiget,
Und aus den Wiesen steiget
  Der weiße Nebel wunderbar.

Wie ist die Welt so stille,
Und in der Dämmrung Hülle
  So traulich und so hold!
Als eine stille Kammer,
Wo ihr des Tages Jammer
  Verschlafen und vergessen sollt.

Seht ihr den Mond dort stehen? –
Er ist nur halb zu sehen,
  Und ist doch rund und schön!
So sind wohl manche Sachen,
Die wir getrost belachen,
  Weil unsre Augen sie nicht sehn.

Wir stolze Menschenkinder
Sind eitel arme Sünder,
  Und wissen gar nicht viel;
Wir spinnen Luftgespinste,
Und suchen viele Künste,
  Und kommen weiter von dem Ziel.

Gott, laß uns d e i n Heil schauen,
Auf nichts Vergänglichs trauen,
  Nicht Eitelkeit uns freun!
Laß uns einfältig werden,
Und vor dir hier auf Erden
  Wie Kinder fromm und fröhlich sein!

*

Wollst endlich sonder Grämen
Aus dieser Welt uns nehmen
  Durch einen sanften Tod!
Und, wenn du uns genommen,
Laß uns in Himmel kommen,
  Du unser Herr und unser Gott!

So legt euch denn, ihr Brüder,
In Gottes Namen nieder;
  Kalt ist der Abendhauch.
Verschon uns, Gott! mit Strafen,
Und laß uns ruhig schlafen!
  Und unsern kranken Nachbar auch!

JOHANN GOTTFRIED HERDER

Der Mond

Und grämt dich, Edler, noch ein Wort
Der kleinen Neidgesellen?
Der hohe Mond, er leuchtet dort
Und läßt die Hunde bellen,
Und schweigt und wandelt ruhig fort,
Was Nacht ist, aufzuhellen.

GOTTFRIED AUGUST BÜRGER

Auch ein Lied an den lieben Mond

Ei! schönen guten Abend dort am Himmel!
Man freuet sich, Ihn noch fein wohl zu sehn.
Willkommen mir, vor allem Sterngewimmel!
Vor allem Sterngewimmel lieb und schön! –

Was lächelst du so bittlich her, mein Teurer?
Willst du vielleicht so was von Sing und Sang?
Ganz recht! Wofür auch wär ich sonst der Leirer,
Des Saitenspiel bisher – so so! – noch klang?

Es wäre ja nicht halb mir zu verzeihen,
Das muß ich selbst treuherzig eingestehn,
Da alle Dichter dir ein Scherflein weihen,
Wollt ich allein dich stumm vorüber gehn.

Auch bist dus wert, mein sanfter, holder, lieber – – –
Ich weiß nicht recht, wie ich dich nennen soll?
Mann oder Weib? – Schon lange war ich über
Und über deines warmen Lobes voll.

So wissens dann die Jungen und die Alten,
Was immerdar auch meine Wenigkeit
Vom schönen lieben Monde hat gehalten,
Und halten wird in alle Ewigkeit!

Die Sonn ist zwar die Königin der Erden.
Das sei hiermit höchstfeierlich erklärt!

Ich wäre ja von ihr beglänzt zu werden,
Verneint ich dies, nicht eine Stunde wert.

Wer aber kann, wann sie im Strahlenwagen
Einher an blauer Himmelstraße zieht,
Die Glorie in seinem Aug ertragen,
Die ihre königliche Stirn umglüht?

Du, lieber Mond, bist schwächer zwar und kleiner,
Ein Kleid, nur recht und schlecht, bekleidet dich;
Allein du bist so mehr wie unsereiner,
Und dieses ist gerade recht für mich.

Ich würde mich fürwahr nicht unterstehen,
Mit ihrer hocherhabnen Majestät
So brüderlich und traulich umzugehen,
Wie man noch wohl mit dir sich untersteht.

Die Sonne mag uns tausend Segen schenken.
Das wissen wir und dankens herzlich ihr.
Doch weiß sie auch es wieder einzutränken,
Und sengt und brennt oft desto baß dafür.

Du aber, aller Kreaturen Freude!
Den jeder Mund so treu und froh begrüßt,
Bist immer gut, tust nimmer was zuleide,
Kein Biedermann hat je durch dich gebüßt.

Wär ohne sie die Welt nur hell und heiter,
Und frör es nur nicht lauter Eis und Stein,
Und Wein und Korn und Obst gediehe weiter,
Wer weiß? so ließ' ich Sonne Sonne sein.

Dich ließ' ich mir in Ewigkeit nicht nehmen,
Wofern mein armes Nein was gelten kann.
Ich würde bis zum Kranken mich zergrämen,
Verlör ich dich, du trauter Nachtkumpan!

Wen hätt ich sonst, wann um die Zeit der Rosen
Zur Mitternacht mein Gang ums Dörfchen irrt,
Mit dem ich so viel Liebes könnte kosen,
Als hin und her mit dir gekoset wird?

Wen hätt ich sonst, wann überlange Nächte
Entschlummern mich, du weißt wohl was, nicht läßt,
Dem alles ich so klagen könnt und möchte,
Was für ein Weh mein krankes Herz zerpreßt?

LUDWIG CHRISTOPH HEINRICH HÖLTY

Hymnus an den Mond

Freundlich ist deine Stirn, helles Auge der Nacht,
Weiß bekleideter Mond, lächelnd ist deine Wang,
  Holder Wolkenbewandler,
    Der die silberne Fackel schwingt.

Ruhe hüpfet dir vor. Wie der Pflüger frohlockt,
Wie der Schnitter frohlockt, wenn er hinter dem
                                        Hain,
  Dich, am Saume des Himmels,
    Mit der blinkenden Kerze sieht!

Fröhlich wandelt er heim, mit der Sichel am Arm,
Singet ein Schnitterlied. Du beflimmerst indes
Seine blitzende Sichel,
Seinen nickenden Erntestrauß.

Rötlicht ist deine Wang, purpurfarben dein Kleid,
Wenn du, Rosen ums Haar, deine Grotte verläßt,
Und den östlichen Himmel,
Mit der Miene voll Lächeln, besteigst.

Silberfarben dein Kleid, wenn du vom hohen Gewölb
Deines Himmels, die Stadt und das Dörfchen beschaust,
Das ein nickendes Wäldchen
In die wirtlichen Arme schlingt.

Du bist reizend, o Mond, wenn du, lächelnder Gott,
Durch das blaue Gefild, im Gewande von Licht,
Deine Tritte beflügelst
Und die Säume der Schatten färbst.

Minder reizend, doch schön, wenn du hinter dem Schirm
Regnichter Wolken stehst, und den sinkenden Kranz
Von verfärbten und welken
Blumen um deine Schläfe webst.

Welch ein freundlicher Gott! Wie er sein Fackellicht
Unter die Schatten des Hains und der Gesträuche mengt,
Wie er den silbernen Teppich
Über die Scheiteln der Hügel wirft!

Wie er vom Himmel herab sich im Bache besieht,
Manchen goldenen Streif auf die Gewässer malt,
Manches goldene Sternchen
Auf die hüpfenden Wellen streut!

Welch ein wohltätiger Gott! Zünde die Fackel an,
Ruft der liebende Hirt, leuchte mich durch den Wald,
Wo mein reizendes Mädchen
Meinen Schritten entgegen lauscht.

Zünde die Fackel an, fleht das Mädchen, o Mond,
Und beglänze den Pfad, wo mein Geliebter irrt;
Und du zündest die Fackel
Hinter dem Kranze von Hügeln an.

Fröhlicher wandelt er nun durch das krause Gebüsch,
Welches dein Licht verbrämt, durch den dämmernden Hain,
Seinem Mädchen entgegen,
Das beim Lispeln des Baches sitzt.

Immer reizest du mich, freundliches Auge der Nacht,
Wenn du dem Ost entsteigst, und im roten Gewand
Hinter dem Walde hervorgehst,
Oder im grauenden Westen sinkst.

Immer reizest du mich, wenn du durch das Geweb,
Das der Lindenbaum webt, lächelnde Blicke wirfst,
Oder Edelgesteine
Über die blendende Schneeflur streust.

Schon als hüpfender Knab, ehe der Bardenkunst
Funken in mir entglomm, saß ich am Wiesenbach,
  Und beschaute dein Antlitz
    Mit verschlingenden Wonneblick.

Wie romantisch die Flur meinen Blicken erschien!
Elfen, mit Veilchen bekränzt, tanzeten Reihentanz
  Durch die silberbesäumten
    Wankenden Schatten des Eichenhains.

Sie bemalten die Flur mit dem heitersten Grün,
Gossen, mit kleiner Hand, Perlen und Silberstaub
  In die Locken der Blumen,
    Und entfalteten ihre Brust.

Heller blinkte der Mond! Schauer ergriff mein Haar,
Klopfte mit leisem Schlag an mein jugendlich Herz.
  Mitternacht sank indessen
    Auf den schlummernden Eichenhain.

Die Mainacht

Wenn der silberne Mond durch die Gesträuche blickt,
Und sein schlummerndes Licht über den Rasen geußt,
  Und die Nachtigall flötet,
    Wandl ich traurig von Busch zu Busch.

Selig preis ich dich dann, flötende Nachtigall,
Weil dein Weibchen mit dir wohnet in einem Nest,
  Ihrem singenden Gatten
    Tausend trauliche Küsse gibt.

Überschattet von Laub, girret ein Taubenpaar
Sein Entzücken mir vor; aber ich wende mich,
  Suche dunkle Gesträuche,
    Und die einsame Träne rinnt.

Wann, o lächelndes Bild, welches wie Morgenrot
Durch die Seele mir strahlt, find ich auf Erden dich?
  Und die einsame Träne
    Bebt mir heißer die Wang herab!

An den Mond

Geuß, lieber Mond, geuß deine Silberflimmer
    Durch dieses Buchengrün,
Wo Phantasein und Traumgestalten immer
    Vor mir vorüberfliehn.

Enthülle dich, daß ich die Stätte finde,
    Wo oft mein Mädchen saß,
Und oft, im Wehn des Buchbaums und der Linde,
    Der goldnen Stadt vergaß.

Enthülle dich, daß ich des Strauchs mich freue,
    Der Kühlung ihr gerauscht,

Und einen Kranz auf jeden Anger streue,
Wo sie den Bach belauscht.

Dann, lieber Mond, dann nimm den Schleier wieder,
Und traur um deinen Freund,
Und weine durch den Wolkenflor hernieder,
Wie dein Verlaßner weint.

LEOPOLD FRIEDRICH GÜNTHER
VON GOECKINGH

An den Mond

Lieber Mond! Verstecke dich,
Wenn mein Liebster zu mir fliegt,
Daß die Neugier müde sich
Auf dem platten Bauche liegt.

Lieber Mond! verstecke dich,
Wenn zu viel mein Auge sagt,
Denn wer ist so schwach, wie ich?
Lieber keinen Streit gewagt!

Lieber Mond! verstecke dich,
Wenn er meine Lippen küßt;
Denn ich Arme schäme mich,
Ob er gleich ein Engel ist.

Lieber Mond! verstecke dich,
Wenn die Abschiedsstunde schlägt,
Daß bei meinem Kummer sich
Nicht das Herz in ihm bewegt.

Lieber Mond! verstecke dich,
Wenn zurück mein Liebster kehrt,
Bis du – was klingt süßer? sprich! –
Seiner Flöte Ton gehört!

LORENZ LEOPOLD HASCHKA

An den Mond

So klar und helle schienest du
Aus dunkelblauen Lüften nieder,
O Mond, als ich noch glücklich war.

Du scheinst so helle noch, so klar
Aus dunkelblauen Lüften nieder:
Ich aber bin nicht glücklich mehr.

Als ich von ihr zu dir empor,
Von dir auf sie herunterschaute,
Da war mein Aug so klar wie du.

Jetzt ist es trüb: denn, lieber Mond,
Ich misse sie schon lange, lange,
Die ich noch lieber seh als dich!

Du siehst sie wohl, auch mich siehst du,
Sag ihr: mein Aug sei jetzund trübe,
Das einst so helle war wie du.

FRIEDRICH LEOPOLD VON STOLBERG

Der Mond

An meinen Bruder

Der Mond, der uns so freundlich scheint,
War unsrer lieben Mutter Freund;
Er sieht uns an mit sanftem Blick,
Und denkt wohl auch an sie zurück.

Er kommt zu uns von Alpen her,
Scheint unsern Schwestern übers Meer
Und sieht von seiner hohen Bahn
Mit Einem Blick uns alle an.

So sieht uns unsrer Mutter Blick;
Sie fleht zu Gott für unser Glück,
Und strahlt in stiller Nächte Ruh
Uns ihren teuren Segen zu.

JOHANN HEINRICH VOSS

An den Mond

Ach, vergebens lächelst du mir vom blauen
Himmel, lieber Mond! Wie in Herbstgewittern,
Ist voll düstern Kummers mein Geist, voll trüber
Zähren mein Auge!

Dreimal gingst du strahlenlos durch den Äther,
Dreimal neubestrahlt; und kein einzig Lüftchen
Sagt mir armen Jüngling, was fern mein trauter
Brückner beginnet!

Seelenangst und brennende Fieber martern
Ihn vielleicht zur Stunde, vielleicht, o Himmel!
Scheinest du, falschlächelnder Mond, auf seinen
Ragenden Grabstein!

JOHANN WOLFGANG GOETHE

An den Mond

Schwester von dem ersten Licht,
Bild der Zärtlichkeit in Trauer,
Nebel schwimmt mit Silberschauer
Um dein reizendes Gesicht.
Deines leisen Fußes Lauf
Weckt aus tagverschloßnen Höhlen

Traurig abgeschiedne Seelen,
Mich, und nächt'ge Vögel auf.

Forschend übersieht dein Blick
Eine großgemeßne Weite.
Hebe mich an deine Seite,
Gib der Schwärmerei dies Glück!
Und in wollustvoller Ruh
Säh' der weitverschlagne Ritter
Durch das gläserne Gegitter
Seines Mädchens Nächten zu.

Dämmrung, wo die Wollust thront,
Schwimmt um ihre runden Glieder.
Trunken sinkt mein Blick hernieder –
Was verhüllt man wohl dem Mond!
Doch was das für Wünsche sind!
Voll Begierde zu genießen,
So da droben hängen müssen –
Ei, da schieltest du dich blind!

An den Mond

Spätere Fassung

Füllest wieder Busch und Tal
Still mit Nebelglanz,
Lösest endlich auch einmal
Meine Seele ganz;

Breitest über mein Gefild
Lindernd deinen Blick,
Wie des Freundes Auge mild
Über mein Geschick.

Jeden Nachklang fühlt mein Herz
Froh- und trüber Zeit,
Wandle zwischen Freud' und Schmerz
In der Einsamkeit.

Fließe, fließe, lieber Fluß!
Nimmer werd' ich froh,
So verrauschte Scherz und Kuß,
Und die Treue so.

Ich besaß es doch einmal,
Was so köstlich ist!
Daß man doch zu seiner Qual
Nimmer es vergißt!

Rausche, Fluß, das Tal entlang,
Ohne Rast und Ruh,
Rausche, flüstre meinem Sang
Melodien zu,

Wenn du in der Winternacht
Wütend überschwillst,
Oder um die Frühlingspracht
Junger Knospen quillst.

Selig, wer sich vor der Welt
Ohne Haß verschließt,
Einen Freund am Busen hält
Und mit dem genießt,

Was, von Menschen nicht gewußt
Oder nicht bedacht,
Durch das Labyrinth der Brust
Wandelt in der Nacht.

Vollmondnacht

Herrin, sag', was heißt das Flüstern?
Was bewegt dir leis die Lippen?
Lispelst immer vor dich hin,
Lieblicher als Weines Nippen!
Denkst du deinen Mundgeschwistern
Noch ein Pärchen herzuziehn?

»Ich will küssen! Küssen! sagt' ich.«

Schau! Im zweifelhaften Dunkel
Glühen blühend alle Zweige,
Nieder spielet Stern auf Stern;
Und smaragden durchs Gesträuche
Tausendfältiger Karfunkel;
Doch dein Geist ist allem fern.

»Ich will küssen! Küssen! sagt' ich.«

Dein Geliebter, fern, erprobet
Gleicherweis' im Sauersüßen,
Fühlt ein unglücksel'ges Glück.
Euch im Vollmond zu begrüßen,
Habt ihr heilig angelobet,
Dieses ist der Augenblick.

»Ich will küssen! Küssen! sag' ich.«

Um Mitternacht

Um Mitternacht ging ich, nicht eben gerne,
Klein, kleiner Knabe, jenen Kirchhof hin
Zu Vaters Haus, des Pfarrers; Stern am Sterne
Sie leuchteten doch alle gar zu schön;
Um Mitternacht.

Wenn ich dann ferner in des Lebens Weite
Zur Liebsten mußte, mußte, weil sie zog,
Gestirn und Nordschein über mir im Streite,
Ich gehend, kommend Seligkeiten sog;
Um Mitternacht.

Bis dann zuletzt des vollen Mondes Helle
So klar und deutlich mir ins Finstere drang,
Auch der Gedanke willig, sinnig, schnelle
Sich ums Vergangne wie ums Künftige schlang;
Um Mitternacht.

Dämmrung senkte sich von oben,
Schon ist alle Nähe fern;
Doch zuerst emporgehoben
Holden Lichts der Abendstern!
Alles schwankt ins Ungewisse,
Nebel schleichen in die Höh';
Schwarzvertiefte Finsternisse
Widerspiegelnd ruht der See.

Nun im östlichen Bereiche
Ahn' ich Mondenglanz und -glut,
Schlanker Weiden Haargezweige
Scherzen auf der nächsten Flut.
Durch bewegter Schatten Spiele
Zittert Lunas Zauberschein,
Und durchs Auge schleicht die Kühle
Sänftigend ins Herz hinein.

Dem aufgehenden Vollmonde

Dornburg, 25. August 1828

Willst du mich sogleich verlassen?
Warst im Augenblick so nah!
Dich umfinstern Wolkenmassen,
Und nun bist du gar nicht da.

Doch du fühlst, wie ich betrübt bin,
Blickt dein Rand herauf als Stern!
Zeugest mir, daß ich geliebt bin,
Sei das Liebchen noch so fern.

So hinan denn! hell und heller,
Reiner Bahn, in voller Pracht!
Schlägt mein Herz auch schmerzlich schneller,
Überselig ist die Nacht.

JOHANN PETER HEBEL

Der Mann im Mond

»Lueg, Müetterli, was isch im Mo?«
He, siehsch's denn nit, e Ma!
»Jo wegerli, i sieh en scho.
Er het e Tschöpli a.

Was tribt er denn die ganzi Nacht,
er rüehret jo kei Glied?«
He, siehsch nit, aß er Welle macht?
»Jo, ebe dreiht er d'Wied.

Wär ich, wie er, i blieb dehei,
und machti d'Welle do.«
He, isch er denn us üser Gmei?
Mer hen scho selber so.

Und meinsch, er chönn so, wiener well?
Es wird em, was em ghört.
Er gieng wol gern – der sufer Gsell
mueß schellewerche dört.

»Was het er bosget, Müetterli?
Wer het en bannt dörthi?«
Me het em gseit der *Dieterli*,
e Nütznutz isch er gsi.

Ufs Bete het er nit viel gha,
ufs Schaffen o nit viel,
und öbbis mueß me triebe ha,
sust het mer langi Wil.

Drum, het en öbbe nit der Vogt
zur Strof ins Hüsli gspert,
sen isch er ebe z'Chander ghockt,
und het d'Butelli glert.

»Je, Müetterli, wer het em 's Geld
zue so'me Lebe ge?«
Du Närsch, er het in Hus und Feld
scho selber wüsse z'neh.

Ne mol, es isch e Sunntig gsi,
so stoht er uf vor Tag,
und nimmt e Beil, und tummlet si,
und lauft in Lieler Schlag.

Er haut die schönste Büechli um,
macht Bohnestecke drus,
und treit sie furt, und luegt nit um,
und isch scho fast am Hus.

Und ebe goht er uffem Steg,
se ruuscht em öbbis für:
»Jez, Dieter, goht's en andere Weg!
Jez, Dieter, chumm mit mir!«

Und uf und furt, und sieder isch
kei Dieter wit und breit.
Dort obe stoht er im Gibüsch
und in der Einsemkeit.

Jez haut er jungi Büechli um;
jez chuuchet er in d'Händ;
jez dreiht er d'Wied, und leit sie drum,
und 's Sufe het en End.

So goht's dem arme Dieterli;
er isch e gstrofte Ma!
»O bhüetis Gott, lieb Müetterli,
i möcht's nit mittem ha!«

Se hüet di vorem böse Ding,
's bringt numme Weh und Ach!
Wenn's Sunntig isch, se bet und sing,
am Werchtig schaff di Sach.

FRIEDRICH SCHLEGEL

Der Mond

Es streben alle Kräfte,
So matt sie sind, zur Erde doch zu wirken;
In den ew'gen Bezirken
Der schönen Welt ist das nur mein Geschäfte;
Das muß ohnmächtig immer ich versuchen,
Und traurig dem beschränkten Lose fluchen.

Seht ihr mich milde glänzen
Und warme Sommernächte schön erhellen,
Wo leise Freudewellen
Der Erde Kinder kühlen nach den Tänzen;
Sind's Sonnengeister nur, die sanfter spielen:
Mein eignes Wesen könnt ihr so nicht fühlen.

Doch wenn ich seltsam scheine,
Aus dunkeln Wolken ängstlich vorgeschlichen;
Dann ist die Hüll' entwichen,
Es merkt der Mensch mit Schaudern, was ich meine.
So zeigen Geister sich, um euch zu wecken,
Und lassen ahnden die verborgnen Schrecken.

LUDWIG TIECK

Mondbeglänzte Zaubernacht,
Die den Sinn gefangen hält,
Wundervolle Märchenwelt,
Steig auf in der alten Pracht!

CLEMENS BRENTANO

Der Spinnerin Nachtlied

Es sang vor langen Jahren
Wohl auch die Nachtigall,
Das war wohl süßer Schall,
Da wir zusammen waren.

Ich sing und kann nicht weinen,
Und spinne so allein
Den Faden klar und rein
So lang der Mond wird scheinen.

Als wir zusammen waren
Da sang die Nachtigall
Nun mahnet mich ihr Schall
Daß du von mir gefahren.

So oft der Mond mag scheinen,
Denk ich wohl dein allein,

Mein Herz ist klar und rein,
Gott wolle uns vereinen.

Seit du von mir gefahren,
Singt stets die Nachtigall,
Ich denk bei ihrem Schall,
Wie wir zusammen waren.

Gott wolle uns vereinen
Hier spinn ich so allein,
Der Mond scheint klar und rein,
Ich sing und möchte weinen.

Säusle, liebe Myrte!
Wie still ist's in der Welt,
Der Mond, der Sternenhirte
Auf klarem Himmelsfeld,
Treibt schon die Wolkenschafe
Zum Born des Lichtes hin,
Schlaf, mein Freund, o schlafe,
Bis ich wieder bei dir bin.

Säusle, liebe Myrte!
Und träum im Sternenschein,
Die Turteltaube girrte
Auch ihre Brut schon ein.
Still ziehn die Wolkenschafe
Zum Born des Lichtes hin,
Schlaf, mein Freund, o schlafe,
Bis ich wieder bei dir bin.

ACHIM VON ARNIM

Ritt im Mondschein

Herz zum Herzen ist nicht weit
Unter lichten Sternen,
Und das Aug, von Tau geweiht,
Blickt zu lieben Fernen;
Unterm Hufschlag klingt die Welt,
Und die Himmel schweigen,
Zwischen beiden mir gesellt
Will der Mond sich zeigen.

Zeigt sich heut in roter Glut
An dem Erdenrande,
Gleich als ob mit heißem Blut
Er auf Erden lande,
Doch nun flieht er scheu empor,
Glänzt in reinem Lichte,
Und ich scheue mich auch vor
Seinem Angesichte.

Trinklied im Vollmondschein

Was ist's, das wir in Ahnung fühlen
Und was erhöhet jede Stirn?
Im Herzen dunkle Wurzeln wühlen,
Die Knospen brechen auf im Hirn;
Was ist in dieser Nacht geschehen,
Das uns so freudig will umwehen?

Ob wir in süßer Liebe wachten
Vor manchem Jahr um diese Zeit?
War heut ein Jahrestag der Schlachten,
Die unser Vaterland befreit?
Doch der Kalender in dem Herzen
Weiß nichts von Sieg und süßen Scherzen.

Ihr Sterne, nennet mir dies Zeichen,
Das heute über uns regiert?
Ich sah: ihr alle müsset weichen,
Nun es den Himmelsrand berührt;
Des Vollmonds blühend rote Wangen
Sind uns zum Vorbild aufgegangen.

Weil heut der Vollmond uns bescheinet,
So schenken wir die Gläser voll,
Wir wissen, was der Himmel meinet,
Warum er heut uns scheinen soll:
Wir sollen sehn, wie er sich füllte,
Seit er den Durst im Taue stillte.

Aus vollen Flaschen werden Neigen
Und leere Menschen werden voll,
Es hängt der Himmel voller Geigen:
Weil heut ein jeder tanzen soll;
Die Erde dreht sich schon im Kreise,
Die Pfropfen springen nach der Weise.

Auf Pfropfen steigen wir zum Monde,
Der allen Wein der Erde reift,
Und machen gern mit ihm die Ronde,
Wenn quer er durch den Himmel schweift.

Heut ist im Mond die große Faßnacht,
Und alles Wein da, was hier naß macht.

Die große Not in den Finanzen
Und der Verfassung Schwierigkeit,
Löst sich, nun wir die Welt im Ganzen
Beschaun, als eine Kleinigkeit;
Kommt Zeit, kommt Rat! im Wein ist Wahrheit
Und wer gespart, der zahlet bar heut.

Ein Glück, daß ich kein Gott geworden,
Denn ich vertränk mein bißchen Welt,
Den diamantnen Sternen-Orden
Und auch das blaue Himmelszelt,
Dies Zelt, das mir so wohlgefallen,
Seit unsre Stimmen drin erschallen.

Ja, morgen würd ich's recht bereuen:
Wenn über uns der Himmel leer;
Ich würd ein neues Zelt mir leihen,
Und wenn es bei dem Teufel wär;
Ja Freunde, laßt uns das bedenken,
Eh' wir vom Glauben was verschenken.

Am Himmel ist nichts überflüssig,
Und auf der Erde nichts zu viel,
Und wenn wir ihrer überdrüssig
Und wenn der Himmel uns zu kühl,
Steigt süßer Schlaf aus edlem Weine
Und hüllt in Träume die Gemeine.

Ich wandre durch die stille Nacht,
Da schleicht der Mond so heimlich sacht
Oft aus der dunklen Wolkenhülle,
Und hin und her im Tal
Erwacht die Nachtigall,
Dann wieder alles grau und stille.

O wunderbarer Nachtgesang:
Von fern im Land der Ströme Gang,
Leis Schauern in den dunklen Bäumen –
Wirrst die Gedanken mir,
Mein irres Singen hier
Ist wie ein Rufen nur aus Träumen.

Mondnacht

Es war, als hätt der Himmel
Die Erde still geküßt,
Daß sie im Blütenschimmer
Von ihm nun träumen müßt.

Die Luft ging durch die Felder,
Die Ähren wogten sacht,
Es rauschten leis die Wälder,
So sternklar war die Nacht.

Und meine Seele spannte
Weit ihre Flügel aus,
Flog durch die stillen Lande,
Als flöge sie nach Haus.

Der stille Grund

Der Mondenschein verwirret
Die Täler weit und breit,
Die Bächlein, wie verirret,
Gehn durch die Einsamkeit.

Da drüben sah ich stehen
Den Wald auf steiler Höh,
Die finstern Tannen sehen
In einen tiefen See.

Ein Kahn wohl sah ich ragen,
Doch niemand der es lenkt,
Das Ruder war zerschlagen,
Das Schifflein halb versenkt.

Eine Nixe auf dem Steine
Flocht dort ihr goldnes Haar,
Sie meint', sie wär alleine,
Und sang so wunderbar.

Sie sang und sang, in den Bäumen
Und Quellen rauscht' es sacht

Und flüsterte wie in Träumen
Die mondbeglänzte Nacht.

Ich aber stand erschrocken,
Denn über Wald und Kluft
Klangen die Morgenglocken
Schon ferne durch die Luft.

Und hätt ich nicht vernommen
Den Klang zu guter Stund:
Wär nimmer mehr gekommen
Aus diesem stillen Grund.

FRIEDRICH RÜCKERT

Der Mond am Himmel ist der Sonne beigegeben,
Damit sie beid ein Bild vorhalten unserm Leben.

Der Mond bedeutet, daß im Wechsel alles treibt;
Die Sonne deutet, was im Wechsel gleich sich bleibt.

Am Monde tröste dich bei Glückes Unbestand,
Und um Beständigkeit blick auf zum Sonnenrand.

Nimm ab und zu an Lust, dem Mond gleich,
in Geduld;
Und wie die Sonne sei unwandelbar voll Huld.

Du bist mein Mond

Du bist mein Mond und ich bin deine Erde;
Du sagst, du drehest dich um mich.
Ich weiß es nicht, ich weiß nur, daß ich werde
In meinen Nächten hell durch dich.

Du bist mein Mond und ich bin deine Erde;
Sie sagen, du veränderst dich.
Allein, du änderst nur die Lichtgebärde
Und liebst mich unveränderlich.

Du bist mein Mond und ich bin deine Erde;
Nur mein Erdschatten hindert dich,
Die Liebesfackel stets am Sonnenherde
Zu zünden in der Nacht für mich.

Der Mond

Als ich erwacht' in der Nacht und dacht', es graue der Morgen,
War der verspätete Mond leuchtend am Himmel zu sehn,
Der mit goldenem Glanze die schimmernde Fläche des Schneefelds
Also hob, daß ein Schein täuschenden Tages sich wob.
Doch ihm trat gegenüber der Stern des Morgens im Osten,

Und mit dem Frührot ihm und mit der Sonne zu drohn.
Doch er fühlte sich stark und lachte des prahlenden Herolds,
Um ein weniges nur färbte sich matter sein Gold.
Siehe, da kam Aurora, die ewigen Rosen in Händen,
Und am entlaubten Gebüsch rötete Stamm sich und Ast.
Kläglich sah nun der Mond sein Gold zu Silber erblassen,
Und da die Sonn' aufging, schwand er ein Wölkchen im Blau.

FRANZ GRILLPARZER

An den Mond

Wandle, wandle, holder Schimmer!
Wandle über Flur und Au,
Gleitend, wie ein kühner Schwimmer,
In des stillen Meeres Blau.

Sanft im Silberglanze schwebest
Du so still durchs Wolkenmeer,
Und durch deinen Blick belebest
Du die Gegend rings umher.

Manchen drücket schwerer Kummer,
Manchen lastet Qual und Pein;

Doch du wiegst in sanften Schlummer
Tröstend ihn, voll Mitleid, ein.

Sanfter, als die heiße Sonne,
Winkt dein Schimmer Ruh und Freud,
Und erfüllt mit süßer Wonne,
Tröstung und Vergessenheit.

Hüllst in dichtbewachsnen Lauben
Mit der sanften Fantasie
Ganz den Dichter; machst ihn glauben,
Seine Muse weiche nie.

Und auch mich hast du begeistert,
Der ich dir dies Liedchen sang,
Meiner Seele dich bemeistert,
Da mein Lied sich aufwärts schwang!

Der Halbmond glänzet am Himmel,
Und es ist neblicht und kalt.
Gegrüßt sei du Halber dort oben,
Wie du, bin ich einer, der halb.

Halb gut, halb übel geboren,
Und dürftig in beider Gestalt,
Mein Gutes ohne Würde,
Das Böse ohne Gewalt.

Halb schmeckt ich die Freuden des Lebens,
Nichts ganz als meine Reu;

Die ersten Bissen genossen,
Schien alles mir einerlei.

Halb gab ich mich hin den Musen,
Und sie erhörten mich halb;
Hart auf der Hälfte des Lebens
Entflohn sie und ließen mich alt.

Und also sitz ich verdrossen,
Doch läßt die Zersplitterung nach;
Die leere Hälfte der Seele
Verdrängt die noch volle gemach.

HEINRICH HEINE

Die Lotosblume ängstigt
Sich vor der Sonne Pracht,
Und mit gesenktem Haupte
Erwartet sie träumend die Nacht.

Der Mond, der ist ihr Buhle,
Er weckt sie mit seinem Licht,
Und ihm entschleiert sie freundlich
Ihr frommes Blumengesicht.

Sie blüht und glüht und leuchtet,
Und starret stumm in die Höh;
Sie duftet und weinet und zittert
Vor Liebe und Liebesweh.

Still ist die Nacht, es ruhen die Gassen,
In diesem Hause wohnte mein Schatz;
Sie hat schon längst die Stadt verlassen,
Doch steht noch das Haus auf demselben Platz.

Da steht auch ein Mensch und starrt in die Höhe,
Und ringt die Hände, vor Schmerzensgewalt;
Mir graust es, wenn ich sein Antlitz sehe, –
Der Mond zeigt mir meine eigne Gestalt.

Du Doppeltgänger! du bleicher Geselle!
Was äffst du nach mein Liebesleid,
Das mich gequält auf dieser Stelle,
So manche Nacht, in alter Zeit?

Nacht liegt auf den fremden Wegen,
Krankes Herz und müde Glieder; –
Ach, da fließt, wie stiller Segen,
Süßer Mond, dein Licht hernieder.

Süßer Mond, mit deinen Strahlen
Scheuchest du das nächtge Grauen;
Es zerrinnen meine Qualen,
Und die Augen übertauen.

Auf den Wolken ruht der Mond,
Eine Riesenpomeranze,
Überstrahlt das graue Meer,
Breiten Streifs, mit goldnem Glanze.

Einsam wandl' ich an dem Strand,
Wo die weißen Wellen brechen,
Und ich hör viel süßes Wort,
Süßes Wort im Wasser sprechen.

Ach die Nacht ist gar zu lang,
Und mein Herz kann nicht mehr schweigen –
Schöne Nixen, kommt hervor,
Tanzt und singt den Zauberreigen!

Nehmt mein Haupt in euren Schoß,
Leib und Seel sei hingegeben!
Singt mich tot und herzt mich tot,
Küßt mir aus der Brust das Leben.

ANNETTE VON DROSTE-HÜLSHOFF

Mondesaufgang

An des Balkones Gitter lehnte ich
Und wartete, du mildes Licht, auf dich.
Hoch über mir gleich trübem Eiskristalle
Zerschmolzen schwamm des Firmamentes Halle;
Der See verschimmerte mit leisem Dehnen, –

Zerfloßne Perlen oder Wolkentränen? –
Es rieselte, es dämmerte um mich,
Ich wartete, du mildes Licht, auf dich.

Hoch stand ich, neben mir der Linden Kamm,
Tief unter mir Gezweige, Ast und Stamm;
Im Laube summte der Phalänen Reigen,
Die Feuerfliege sah ich glimmend steigen,
Und Blüten taumelten wie halb entschlafen;
Mir war, als treibe hier ein Herz zum Hafen,
Ein Herz, das übervoll von Glück und Leid
Und Bildern seliger Vergangenheit.

Das Dunkel stieg, die Schatten drangen ein, –
Wo weilst du, weilst du denn, mein milder Schein! –
Sie drangen ein wie sündige Gedanken,
Des Firmamentes Woge schien zu schwanken,
Verzittert war der Feuerfliege Funken,
Längst die Phaläne an den Grund gesunken,
Nur Bergeshäupter standen hart und nah,
Ein düstrer Richterkreis, im Düster da.

Und Zweige zischelten an meinem Fuß
Wie Warnungsflüstern oder Todesgruß;
Ein Summen stieg im weiten Wassertale
Wie Volksgemurmel vor dem Tribunale;
Mir war, als müßte etwas Rechnung geben,
Als stehe zagend ein verlornes Leben,
Als stehe ein verkümmert Herz allein,
Einsam mit seiner Schuld und seiner Pein.

Da auf die Wellen sank ein Silberflor,
Und langsam stiegst du, frommes Licht, empor;
Der Alpen finstre Stirnen strichst du leise,
Und aus den Richtern wurden sanfte Greise,
Der Wellen Zucken ward ein lächelnd Winken,
An jedem Zweige sah ich Tropfen blinken,
Und jeder Tropfen schien ein Kämmerlein,
Drin flimmerte der Heimatlampe Schein.

O Mond, du bist mir wie ein später Freund,
Der seine Jugend dem Verarmten eint,
Um seine sterbenden Erinnerungen
Des Lebens zarten Wiederschein geschlungen,
Bist keine Sonne, die entzückt und blendet,
In Feuerströmen lebt, in Blute endet, –
Bist, was dem kranken Sänger sein Gedicht,
Ein fremdes, aber o ein mildes Licht.

NIKOLAUS LENAU

Hypochonders Mondlied

Singt ihr in eurem Freudenliede:
Der heitre Mond am Himmel lacht,
Und ihm entstrahlt ein süßer Friede –
So habt ihr nie den Mond bedacht.

Seht ihr ihn dort herüberschweben,
Bleich, ohne Wasser, ohne Luft,

Er zieht mit ausgestorbnem Leben,
Ein Totengräber samt der Gruft.

Dort dringt der Mond mit seinem Schimmer
Still dem Nachtwandler ins Gemach
Und winkt und lockt aus Bett und Zimmer,
Der Schläfer folgt ihm auf das Dach,

Und huscht, geschloßner Augenlider,
Hin, her, des Daches steilsten Bug,
Als hielte geistiges Gefieder
Enthoben ihn dem Erdenzug.

Der Mond zieht traurig durch die Sphären,
Denn all die Seinen ruhn im Grab;
Drum wischt er sich die hellen Zähren
Bei Nacht an unsern Blumen ab.

Darum durchschleicht er Fenster, Türen,
Auf Diebessohlen leis und lind,
Der Erde heimlich zu entführen
Im Schlafe dies und jenes Kind.

Den Schläfern um den Leib zu schlingen
Sucht er sein feines Silbernetz,
Und sie zu sich hinaufzuschwingen;
Doch seine Fäden reißen stets.

Und ewig wird es ihm mißglücken,
Zu stehlen sich ein Spielgesind,
In seine Wüste zu entrücken
Ein lebenwarmes Erdenkind.

Der Mond wohl auch die Schlummerlosen
Der Erde zu entlocken sucht,
Er will mit schwärmerischem Kosen
Bereden sie zu früher Flucht.

Oft wenn ich ging durch Wald und Wiesen,
Log mir der Mondenschein so lang,
Ich sei auf Erden nur verwiesen,
Bis ich hinweg mich sehnte bang.

Weil er uns nicht vermag zu stehlen,
Nicht wachend, nicht in Schlafesruh,
Schickt er mit Blicken, stieren, scheelen,
Der Erde Todeswünsche zu.

Als Knabe schon konnt ich nicht schauen
Zum stillen, blassen Mond empor,
Daß nicht ein wunderliches Grauen
Mir heimlich das Gebein durchfror.

Nirgends, auf Wald und Feld und Straßen,
Frohlockt so hell des Mondes Licht,
Wie auf dem Kirchhof, wo verlassen
Ein armes Herz vor Leide bricht.

Ja, Gräber sind für ihn die Stelle,
Und an Ruinen Dorngesträuch;
Doch vor des Mondes schlimmer Helle
Bewahrt das Brautbett, rat ich euch.

Laßt ihr den Mond ins Brautbett scheinen,
Ist euer künftig Kind bedroht,
Denn viele Stunden wird es weinen,
Und wünschen wird es sich den Tod.

Wenn Schiffer nachts das Meer befahren,
Umhüllen sie das Haupt genau,
Denn spielt der Mond mit ihren Haaren,
So färbt er sie frühzeitig grau.

Und bei Banditen geht die Kunde:
Ein Dolch, gewetzt im Mondenschein,
Sticht eine ewig stumme Wunde,
Trifft mittendurch ins Herz hinein.

Und jene grausen alten Weiber,
Die man nicht gern genauer nennt,
Weil ihnen sonst die dürren Leiber
Das tolle Volk zu Asche brennt;

(– Wenn auch von Ärzten, Philosophen,
Ein volkverwirrendes Komplott
Sie Hexen nennt und Teufelszofen,
Der aufgeklärten Zeit zum Spott –)

Die ziehn auf m o n d b estrahlten Heiden,
Und pflücken murmelnd Gras und Kraut,
Woraus zu manchen Zauberleiden
Manch böses Tränklein wird gebraut.

Bergjäger, der kein Raubschütz, meidet
Den Mond; ein Wild, im Mondenstrahl
Geschossen oder ausgeweidet,
Verwest so frühe noch einmal.

Und eine Tann im Wald geschlagen,
Wenn hell der Mond am Himmel blinkt,
Als Mastbaum in das Meer getragen,
Zerbricht der Sturm – das Schiff versinkt.

Tief in den höchsten Steyrerfelsen
Kenn ich ein Dörflein, wo man meint:
Der Mond wird schuld an dicken Hälsen,
Wenn er in einen Brunnen scheint.

Dort meint man auch, wenn Mondsgefunkel
Die Spinnerin am Rad umspinnt
Und widerglänzt von ihrer Kunkel,
Daß sie ein Leichenhemd gewinnt. – –

Weil mich der Mond, ins Zimmer glotzend,
Nicht schlafen ließ in dieser Nacht,
Hab ich Poet hinwieder trotzend
Dies Lied zum Schimpf auf ihn gemacht.

Noch wüßt ich viel von ihm zu melden,
Doch seh ich dort im Untergang
Hinunterducken meinen Helden,
Bevor ich noch das Schlimmste sang.

AUGUST HEINRICH HOFFMANN
VON FALLERSLEBEN

Das Lied vom Monde

Wer hat die schönsten Schäfchen?
Die hat der goldne Mond,
Der hinter unsern Bäumen
Am Himmel drüben wohnt.

Er kommt am späten Abend,
Wenn alles schlafen will,
Hervor aus seinem Hause
Zum Himmel leis und still.

Dann weidet er die Schäfchen
Auf seiner blauen Flur;
Denn all die weißen Sterne
Sind seine Schäfchen nur.

Sie tun sich nichts zuleide,
Hat eins das andre gern,
Und Schwestern sind und Brüder
Da droben Stern an Stern.

Und soll ich dir eins bringen,
So darfst du niemals schrein,
Mußt freundlich wie die Schäfchen
Und wie ihr Schäfer sein!

ANONYM

Guter Mond, du gehst so stille
in den Abendwolken hin
bist so ruhig, und ich fühle,
daß ich ohne Ruhe bin.
Traurig folgen meine Blicke
deiner stillen heitern Bahn.
O wie hart ist mein Geschicke,
daß ich dir nicht folgen kann!

Guter Mond, dir darf ich's klagen,
was mein banges Herze kränkt,
und an wen mit bittern Klagen
die betrübte Seele denkt!
Guter Mond, du sollst es wissen,
weil du so verschwiegen bist,
warum meine Tränen fließen,
und mein Herz so traurig ist.

Dort in jenem kleinen Tale,
wo die dunkeln Bäume stehn,
nah' bei jenem Wasserfalle
wirst du eine Hütte sehn!
Geh' durch Wälder, Bach und Wiesen.
Blicke sanft durch's Fenster hin,
so erblickest du Elisen,
aller Mädchen Königin.

Nicht in Gold und nicht in Seide
wirst du dieses Mädchen sehn;
nur im schlichten netten Kleide
pflegt mein Mädchen stets zu gehn.
Nicht vom Adel, nicht vom Stande,
was man sonst so hoch verehrt,
nicht von einem Ordensbande
hat mein Mädchen seinen Wert.

Nur ihr reizend gutes Herze
macht sie liebenswert bei mir;
gut im Ernste, froh im Scherze,
jeder Zug ist gut an ihr.
Ausdrucksvoll sind die Gebärden,
froh und heiter ist ihr Blick;
kurz, von ihr geliebt zu werden,
scheinet mir das größte Glück.

Mond, du Freund der reinen Triebe,
schleich' dich in ihr Kämmerlein;
sage ihr, daß ich sie liebe,
daß sie einzig und allein
mein Vergnügen, meine Freude,
meine Lust, mein alles ist,
daß ich gerne mit ihr leide,
wenn ihr Aug' in Tränen fließt.

Daß ich aber schon gebunden,
und nur, leider! zu geschwind
meine süßen Freiheitsstunden
schon für mich verschwunden sind;

und daß ich nicht ohne Sünde
lieben könne in der Welt.
Lauf' und sag's dem guten Kinde,
ob ihr diese Lieb' gefällt.

ANONYM

Der Mond braust durch das Neckartal,
Die Wolken sehen aus wie Stahl,
Ond in den Straßen sieht man nix
Als nur die Tücke des Geschicks.

EDUARD MÖRIKE

Variation zu »An den Schlaf«

Wenn sich die Sonne nun begräbt ins Meer,
Nicht strebt mein Arm, sie ängstlich aufzuhalten,
Sie schickt den Mond, den bleichen Träumer, her,
Die Bürgschaft ihres Lebens zu verwalten.

Magst du dich noch so sehr zum Tod gestalten,
O weicher Schlaf, dies schreckt mich nicht so sehr,
Nein, lasse nimmer doch mein Bette leer,
Komm an, mein Leben linde einzufalten!

Doch wie? mein Sinn bleibt wach, mein Auge hell!
So fliehst du mich? Was hat mich dir verleidet?
Nur still! Ich ahne deine Absicht schnell,
Wie sinnreich du mein Flehen hast gedeutet.

Zwei Leben hab ich, dies ist mir bewährt,
Geschwister, die gar feste sich umfangen.
Du hast mit bill'gem Sinn so mein Gebet erklärt
Und gleich das edlere in deinen Arm empfangen.

Schlaf wohl, Luise! denn ich bins nicht wert,
Bin nur der Mond: die Sonn ist untergangen.

THEODOR STORM

Mondlicht

Wie liegt im Mondenlichte
Begraben nun die Welt;
Wie selig ist der Friede,
Der sie umfangen hält!

Die Winde müssen schweigen,
So sanft ist dieser Schein;
Sie säuseln nur und weben
Und schlafen endlich ein.

Und was in Tagesgluten
Zur Blüte nicht erwacht,

Es öffnet seine Kelche
Und duftet in die Nacht.

Wie bin ich solchen Friedens
Seit lange nicht gewohnt!
Sei du in meinem Leben
Der liebevolle Mond!

WILHELM RAABE

Stille der Natur

Wenn über stiller Heide
Des Mondes Sichel schwebt,
Mag lösen sich vom Leide
Herz, das im Leiden bebt.

Tritt vor aus deiner Kammer
Und trage deinen Schmerz,
Trage des Weltlaufs Jammer
Der Ewigkeit ans Herz.

Das Ewige ist stille,
Laut die Vergänglichkeit;
Schweigend geht Gottes Wille
Über den Erdenstreit.

In deinen Schmerzen schweige,
Tritt in die stille Nacht;

Das Haupt in Demut neige,
Bald ist der Kampf vollbracht.

Schweige in deinem Schmerze,
Geh vor aus deinem Haus
Und trag dein armes Herze
An Gottes Herz hinaus.

Weil nicht im dunkeln Walde,
Zwischen den Tannen nicht;
Über die freie Halde
Trag deinen Schmerz ins Licht.

Wenn hinter dir versunken,
Was Ohr und Auge bannt,
Dann hält die Seele trunken
Das Firmament umspannt.

Wie aus dem Nebelkleide
Der Mond sich glänzend ringt,
So aus dem Erdenleide
Aufwärts das Herz sich schwingt.

O Heide, stille Heide,
Wie sehnet sich hinaus
Zu dir das Herz im Leide,
Gefangen Herz im Haus!

FRIEDRICH NIETZSCHE

Von der unbefleckten Erkenntniss

Als gestern der Mond aufgieng, wähnte ich, dass er eine Sonne gebären wolle: so breit und trächtig lag er am Horizonte.

Aber ein Lügner war er mir mit seiner Schwangerschaft; und eher noch will ich an den Mann im Monde glauben als an das Weib.

Freilich, wenig Mann ist er auch, dieser schüchterne Nachtschwärmer. Wahrlich, mit schlechtem Gewissen wandelt er über die Dächer.

Denn er ist lüstern und eifersüchtig, der Mönch im Monde, lüstern nach der Erde und nach allen Freuden der Liebenden.

Nein, ich mag ihn nicht, diesen Kater auf den Dächern! Widerlich sind mir Alle, die um halbverschlossne Fenster schleichen!

Fromm und schweigsam wandelt er hin auf Sternen-Teppichen: – aber ich mag alle leisetretenden Mannsfüsse nicht, an denen auch nicht ein Sporen klirrt.

Jedes Redlichen Schritt redet; die Katze aber stiehlt sich über den Boden weg. Siehe, katzenhaft kommt der Mond daher und unredlich. –

Dieses Gleichniss gebe ich euch empfindsamen Heuchlern, euch, den »Rein-Erkennenden!« Euch heisse ich – Lüsterne!

ARNO HOLZ

Mondabend

Hinter blühenden Apfelbaumzweigen
steigt
der Mond auf.

Zarte
Ranken … blasse … Schatten
zackt
sein Schimmer … in den Kies.
Lautlos … fliegt ein … Falter.

Ich wandele … wie trunken … durch sanftes Licht,
die
Fernen … flimmern.

Selig silbern
blitzt
Busch und Gras.

Das
Tal verblinkt … die … Welt versinkt;
aus
weichstem Dunkel,
traumsüß
flötend, schluchzend, jubelnd,
mein
Herz schwillt über,
die
Nachtigall!

RICARDA HUCH

Mondnacht

Eine gelbe Eule, uralt,
Durch den Tannenwald streicht
Lautlosen Flugs bei Nacht,
Hat ein Mäuslein erfaßt.
Der Mond ists, klettert von Ast zu Ast
Behend und leicht,
Kein Zweiglein kracht.
Nun ist sie droben, die Mörderin,
Hält die Beute umkrallt,
Fliegt langsam über die schwarzen Wipfel hin.

Himmelsmärchen

Nun sind wir wieder unter uns Göttern,
Sagte der Mond, als der Abend dunkelte,
Und winkte zum Reigen den Planeten,
Seinen Vettern.
Das Goldblut funkelte
Durch demantene Schleier,
Wie sie langsam sich drehten
In festlich melodischem Schritt.
Dann reichten sie die Leier
Der Erde, Scheherezade,
Und alle lauschten
Ihrer glorreich wilden Ballade.
Die Nacht summte träumerisch mit.
Die Tränen rauschten.

MAX DAUTHENDEY

Vollmond

Gelbes Eis
Und grüne Nebel.

Kranke Kallablüten leuchten.
Von den bleichen Bechern rinnet
Goldnes Öl in sanften Strömen.

Warmer Moder,
Nackte Schädel.
Über weiße Marmorwüsten
Fliehen lautlos
Schwarze Schwäne.

Die rote Maske

Der Mond kam der Nacht heißrot entgegen,
Schien trunken von Wollust und verwegen,
Wie einer, dem das Blut stieg zu Kopf,
Wie ein wilder, sehnsüchtiger Tropf.

Die Nacht wär' dem Roten gern ausgewichen,
Schwer schwankend kam er durchs Feld gestrichen;
Doch als sie genau sah, war's tot und kalt
Nur eine rotgeschminkte Gestalt.

Der Mond war Hanswurst und wurde verlegen,
War nicht wollüstig und nicht verwegen,
Es fiel ihm die rote Maske ins Gras,
Darunter die tote Sehnsucht saß.

Ein kahler Schädel mit eisigen Wangen
Ist bleich an der Nacht vorübergegangen;
Die Lippen erfroren, die Augen blind,
So trug ihn fort der Morgenwind.

CHRISTIAN MORGENSTERN

Der Mond

Als Gott den lieben Mond erschuf,
gab er ihm folgenden Beruf:

Beim Zu- sowohl wie beim Abnehmen
sich deutschen Lesern zu bequemen,

ein 𝔄 formierend und ein 𝔷 –
daß keiner groß zu denken hätt'.

Befolgend dies, ward der Trabant
ein völlig deutscher Gegenstand.

Das Mondschaf

Das Mondschaf steht auf weiter Flur.
Es harrt und harrt der großen Schur.
Das Mondschaf.

Das Mondschaf rupft sich einen Halm
und geht dann heim auf seine Alm.
Das Mondschaf.

Das Mondschaf spricht zu sich im Traum:
»Ich bin des Weltalls dunkler Raum.«
Das Mondschaf.

Das Mondschaf liegt am Morgen tot.
Sein Leib ist weiß, die Sonn ist rot.
Das Mondschaf.

ALFRED MOMBERT

In allen meinen Schicksal-Stunden
stieg glänzend der Voll-Mond auf,
spielte ein ungeheueres Orchester
auf letzten Berggipfeln.
Und mir blieb nichts zu tun,
als die Augen zuzupressen
vor untragbarer Wonne,
und hinzuliegen im Schatten einer Felswand,
und die Seele ungeheuer hinzuweinen.

So rote Dunkelglut des Sichelmonds –
So tief stehst du, so fern mein Mond im Untergang.
Ist keine Sonn, kein Stern, der mir so wehe tut
Wie dein Versinken und die dumpfe Glut,
Oh meine Nacht ist lang, und du gehst früh!
Schon hinterm Wald stehst du, schon hinterm düstern Wald,
Am schwarzen Horizont verschwelt dein Glühen.
Du sankst noch nicht so tief als höchster Bäume Kron;
Von meinem einsamen, hochhängenden Balkon
Seh ich den Wald noch und viel Lichter in den Häusern, und
Dich seh ich nicht mehr, Mond, so löscht dich Nacht und Not.
Mein Mond ist tot, die Nacht geht hoch,
Die Sterne stehen lautlos und die Strassenlichter brennen.

Der Mond so hoch und hell am Himmel,
Noch Tagverscheiden, noch zwischen Dunkel und Helle die Luft,
Der Mond im Osten, der Herrscher des Himmels,
Steht über den Häusern und Gärten der Stadt.
Schon schwimmt in großen Stücken überm Haupt
Die Nacht und doch
Brennt im Westen ein rotes, helles Abendrot.

Ein Abendrot so schön, so feierlich,
Im Herbst noch vor Winter,
Ein Feuer so heilig, so flackerlos.
Dies ist ein Ineinanderschwimmen
Von Tag und Nacht,
König ist Mond über den Häusern und Gärten der Stadt.
So unaussprechbar stolzes Herrschen
Des Monds am Abend,
Des vollen, weißen Monds.
Ich vergaß der Kälte des Herbstwinterabends,
Ich sah nur, wie schön die Welt
Bei Mond und Abendrot.
So müßte ein Jahrtausend fahren
Die Erde mit Mond und Abendrot
Durch wärmere Weltmeergegenden
In Gottes Zukunftskosmos.
So müßten die Wunder, die fern noch liegen
Jenseits des letzten erforschbaren Sonnensterns
Über uns aufgehn zwischen Mond und Abendrot.

HUGO VON HOFMANNSTHAL

Wir sind aus solchem Zeug, wie das zu Träumen,
Und Träume schlagen so die Augen auf
Wie kleine Kinder unter Kirschenbäumen,

Aus deren Krone den blaßgoldnen Lauf
Der Vollmond anhebt durch die große Nacht.
... Nicht anders tauchen unsre Träume auf,

Sind da und leben wie ein Kind, das lacht,
Nicht minder groß im Auf- und Niederschweben
Als Vollmond, aus Baumkronen aufgewacht.

Das Innerste ist offen ihrem Weben,
Wie Geisterhände in versperrtem Raum
Sind sie in uns und haben immer Leben.

Und drei sind Eins: ein Mensch, ein Ding, ein Traum.

RAINER MARIA RILKE

Städtische Sommernacht

Unten macht sich aller Abend grauer,
und das ist schon Nacht, was da als lauer
Lappen sich um die Laternen hängt.
Aber höher, plötzlich ungenauer,

wird die leere leichte Feuermauer
eines Hinterhauses in die Schauer
einer Nacht hinaufgedrängt,
welche Vollmond hat und nichts als Mond.

Und dann gleitet oben eine Weite
weiter, welche heil ist und geschont,
und die Fenster an der ganzen Seite
werden weiß und unbewohnt.

ELSE LASKER-SCHÜLER

Vollmond

Leise schwimmt der Mond durch mein Blut …
Schlummernde Töne sind die Augen des Tages
Wandelhin – taumelher –

Ich kann deine Lippen nicht finden …
Wo bist du, ferne Stadt
Mit den segnenden Düften?

Immer senken sich meine Lider
Über die Welt – alles schläft.

THEODOR DÄUBLER

Der jüngste Mond

Geheiligter Mond, du erschreckst meine Schafe.
Du scheinst mir die silbernde Sehnsucht der Sonne.
Es naht deine Sichtbarkeit rosiger Wonne,
Du sichelst dahin wie ein Schauen im Schlafe.

Geheiligter Mond, du erschreckst meine Klippen.
Das Eiland zerbröckelt für dich in den Fluten.
Wie sind wir bestürzt: überbring uns den Guten!
Wir möchten vom perlenden Lichtkelche nippen.

Geheiligter Halbmond, versprich mir den Schnee,
Wir lieben des Eiswetters schmeichelnden Schritt.
Der Winter mag kommen. Wer tut mir ein Weh?
Ein Schnee wird erscheinen. Auch wir glauben mit.

Der Sirius ist Reinheit. Durch ihn wird der Regen.
Die Milchstraße schenkt uns den ängstlichen Reif.
An funkelndem Tau ist der Leier gelegen,
Der Viertelmond schneit seinen wirbelnden Schweif.

Geheiligter Mond, du beschwichtigst die Berge,
Du hältst unsre frierenden Flüsse zurück.
Du schließt meinen Wunsch in kristallene Särge,
So mach mir aus Traum ein vollendetes Stück.

Du bist doch der Schnee; und ein Tanzschritt am Ganges
Beginnt dein Dahingeistern zierlich zu feiern.
Die Nachtwandler ziehn auf erleuchteten Eiern:
Ihr Mond ist der Zwang eines nahenden Klanges.

Doch keine Musik. Mit dem Schnee siegt die Stille.
Die Sichel verführt dich zum Kuß, der entsagt.
Jetzt haben die Lilien zu sterben gewagt.
Sie beben zum Monde. Sein Licht ist ihr Wille.

Behütet die Flocken. Ein silbernes Blühen!
Sonst mäht sie die sichtbare Sichel dahin.
Die sicherste Silbe? Wer sollte sich mühen.
Sie kommt einem lieblichen Kind in den Sinn.

Geheimnis

Der Vollmond steigt auf steilen Kupferstufen
Sehr rasch ins taubeblaute Feigenland.
Ein Tier, das starb, hat ihn emporgerufen:
Ein Vogel? Streichelt ihm die Silberhand?

Nun ist der liebe Mond zu sich gekommen:
Beruhigt kann er unter Menschen sein.
Die Junikäfer sind verliebt erglommen.
Jasmingeruch betäubt die Todespein.

Dann wieder hat ein Tier im Busch gewimmert.
Es schrie sogar! nun ist es bloß der Wind.
Nur still, wie gut die Silberampel schimmert,
Der Mond ist Wald und Wesen hold gesinnt.

Als Vogel ist er einst davongeflogen;
Er sollte Künder sein von Trost und Glück!
Dann sind ihm weiße Tauben nachgezogen:
Der Mond kehrt nie in Gottes Hand zurück.

ROBERT WALSER

Im Bureau

Der Mond blickt zu uns hinein,
er sieht mich als armen Kommis
schmachten unter dem strengen Blick
meines Prinzipals.
Ich kratze verlegen am Hals.
Dauernden Lebenssonnenschein
kannte ich noch nie.
Mangel ist mein Geschick;
kratzen zu müssen am Hals
unter dem Blick des Prinzipals.

Der Mond ist die Wunde der Nacht,
Blutstropfen sind alle Sterne.
Ob ich dem blühenden Glück auch ferne,
ich bin dafür bescheiden gemacht.
Der Mond ist die Wunde der Nacht.

HANS CAROSSA

Und wie manche Nacht
Bin ich aufgewacht,
Lag so hell der Mond auf Bett und Schrein!
Sah ins Tal hinaus –
Traumhell stand dein Haus –
Tiefer träumend schlief ich wieder ein.

Blasser Mond mit blau verschwommnem Rande
Schwebte über tageshellem Lande.

Als ich in die Schlucht stieg, um zu trinken,
Da begann sein heimlich stärkres Blinken.

Nun im tiefen dunklen Quellengrunde
Leuchtet er wie in der Dämmerstunde.

GEORG TRAKL

Der Wanderer

2. Fassung

Immer lehnt am Hügel die weiße Nacht,
Wo in Silbertönen die Pappel ragt,
Stern' und Steine sind.

Schlafend wölbt sich über den Gießbach der Steg,
Folgt dem Knaben ein erstorbenes Antlitz,
Sichelmond in rosiger Schlucht

Ferne preisenden Hirten. In altem Gestein
Schaut aus kristallenen Augen die Kröte,
Erwacht der blühende Wind, die Vogelstimme des
Totengleichen
Und die Schritte ergrünen leise im Wald.

Dieses erinnert an Baum und Tier. Langsame Stufen von Moos;
Und der Mond,
Der glänzend in traurigen Wassern versinkt.

Jener kehrt wieder und wandelt an grünem Gestade,
Schaukelt auf schwarzem Gondelschiffchen durch die verfallene Stadt.

Abendland

4. Fassung

Else Lasker-Schüler in Verehrung

I

Mond, als träte ein Totes
Aus blauer Höhle,
Und es fallen der Blüten
Viele über den Felsenpfad.
Silbern weint ein Krankes
Am Abendweiher,
Auf schwarzem Kahn
Hinüberstarben Liebende.

Oder es läuten die Schritte
Elis' durch den Hain
Den hyazinthenen
Wieder verhallend unter Eichen.
O des Knaben Gestalt

Geformt aus kristallenen Tränen,
Nächtigen Schatten.
Zackige Blitze erhellen die Schläfe
Die immerkühle,
Wenn am grünenden Hügel
Frühlingsgewitter ertönt.

2

So leise sind die grünen Wälder
Unsrer Heimat,
Die kristallne Woge
Hinsterbend an verfallner Mauer
Und wir haben im Schlaf geweint;
Wandern mit zögernden Schritten
An der dornigen Hecke hin
Singende im Abendsommer,
In heiliger Ruh
Des fern verstrahlenden Weinbergs;
Schatten nun im kühlen Schoß
Der Nacht, trauernde Adler.
So leise schließt ein mondener Strahl
Die purpurnen Male der Schwermut.

3

Ihr großen Städte
Steinern aufgebaut
In der Ebene!
So sprachlos folgt
Der Heimatlose
Mit dunkler Stirne dem Wind,

Kahlen Bäumen am Hügel.
Ihr weithin dämmernden Ströme!
Gewaltig ängstet
Schaurige Abendröte
Im Sturmgewölk.
Ihr sterbenden Völker!
Bleiche Woge
Zerschellend am Strande der Nacht,
Fallende Sterne.

Der Abend

Mit toten Heldengestalten
Erfüllst du Mond
Die schweigenden Wälder,
Sichelmond –
Mit der sanften Umarmung
Der Liebenden,
Den Schatten berühmter Zeiten
Die modernden Felsen rings;
So bläulich erstrahlt es
Gegen die Stadt hin,
Wo kalt und böse
Ein verwesend Geschlecht wohnt,
Der weißen Enkel
Dunkle Zukunft bereitet.
Ihr mondverschlungnen Schatten
Aufseufzend im leeren Kristall
Des Bergsees.

Der Mond hat sich in gelben Rauch gehüllt …

Entwurf

Der Mond hat sich in gelben Rauch gehüllt.
Nun wandert er, der gelbe Schattenfürst,
Auf bösem Pfad unlösbar, wie ein Kraut
Mit weißem Stengel plötzlich scheint er fahl.
Die Tiere drehn sich alle nach ihm um.
Die Blinden fangen seine Strahlen auf
Absuchend mit weißem Auge den Himmel.

Er wandert jede Stunde eine Spanne,
Wie eine Spinne, die die Netze webt.
Er bläst die Schläfer aus den Betten auf.
Und weiße Blumen, Schläfer, Baum und Strauch
Und Erlen sind gebannt zu Schatten.

Luna II

Letzte Fassung

Schon hungert ihn nach Blut. In roter Tracht
Steht er, ein Henker, vor der Wolken Block
Und einer Pfauenfeder blaue Pracht
Trägt er am Dreispitz auf dem Nachtgelock.

Er springt auf einen alten Kirchen-Turm
Und ruft die Dohlen mit den Nacht-Schalmein.
Sie springen auf den Gräbern unterm Sturm
Zu seiner Flöte weißem Totenbein.

Und das Gewürm, das einen Leib zerstört
Und eine letzte Trauermesse hält,
Es kriecht hervor, da es die Pfeife hört,
Die wie ein Sterbeschrei im Dunkel bellt.

Spitzköpfig kommt er über die Dächer hoch
Und schleppt seine gelben Haare nach,
Der Zauberer, der still in die Himmelszimmer steigt
In vieler Gestirne gewundenem Blumenpfad.

Alle Tiere unten im Wald und Gestrüpp
Liegen mit Häuptern sauber gekämmt,
Singend den Mond-Choral. Aber die Kinder
Knien in den Bettchen in weißem Hemd.

Meiner Seele unendliche See
Ebbet langsam in sanfter Flut.
Ganz grün bin ich innen. Ich schwinde hinaus
Wie ein gläserner Luftballon.

FERDINAND HARDEKOPF

Spleen

Ein Bündel Mond erreichte mein Gesicht
Um 3 Uhr nachts, ein Quantum Butterlicht,
Und mahnte [3 Uhr 2]: ›Ein Spuk-Gedicht,
Nervös-geziert, ist Literatenpflicht!‹

Die Kammer dehnte sich verbrecher-hell.
Der Mond, ein Dotterball, schien kriminell.
Da stieg die Dame Angst[-Berlin] reell
Auf ihr imaginäres Karussell.

Ein Schneiderkleid umpreßte mit Radau
Die Dame Angst: die Gift- und Gnadenfrau.
Doch das Zitronen-Ei [um 3 Uhr 5 genau]
Versank in Bar-Fauteuils aus Dämmerblau. –
Nachhüstelnd, matt-dosiert: ›Macabre-Bar!
Ihr lila Blicke! Schweflig Tulpenhaar!
Aus Puderkrusten Tollkirsch-Kommentar!
Ein Gruß: du noctambules Seminar!‹
… So. 3 Uhr 10. Wie süß verwirrt ich war!

PAUL ZECH

Der Mond reitet über das Schlachtfeld

Der greise Abend fröstelte zu Tal
und überschwieg die Schlacht. Die blutigen
Gesichter
versanken und die Fahnen wurden fahl.

Da ward die Perlenschnur der Biwaklichter
um eines fremden Berges Brust gehängt
und aus dem tiefen unbesternten Trichter

der Schluchten stieg, von Riesenfäusten
hochgedrängt,
der volle Mond und klirrte über Wiesenstufen
und schwang sich auf sein Roß, das, nachtschwarz
eingesträngt,

die Erde blitzend aufriß mit den Silberhufen.
Der Reiter ritt wie über eine Wand
und jeder Pferdeschritt war wie ein Rufen

verschlossner Glocken. Niemand hob die Hand
und niemand hob das Haupt … der Mond ritt steiler
und breiter durch den rosigen Heidesand,

ritt in die Wüstenei zerschossener Weiler,
sprang über Leiber, schwamm durch Bäche Blut;
sah unter sich geborstene Brückenpfeiler,

Lafetten, Dachgebälk und Waffengut,
sah Raben, die an den Kadavern fraßen
und Knaben, kaum entwöhnt der braunen Mutterhut

bleich auf dem Barrikadenwall der Straßen …
sah Wunde aufgeschlagen wie ein Buch,
sah Augen, die sich wie zwei Schwerter maßen

und sah in einer Faust noch einen Fetzen Tuch …
Ritt weiter … ritt vorbei an Palisaden
durch brandige Spitäler, Sakrament, Karbolgeruch;

ritt durch das Echo goldner Kavalkaden,
ritt durch die Zelte, durch des Feldherrn Traum,
den Wolken nach, den himmlischen Brigaden.

Und um den tausendjährigen Lichterbaum
ritt er den alten Fackelreigen,
ritt wie ein König durch den aufgeglänzten Raum

und teilte neue Sterne aus im Steigen
und wurde Licht von ihrem Licht,
sah sein Geschlecht in alle Himmel sich verzweigen,

vergaß, wo Erde war und fühlte nicht,
daß seine Glorie wieder wachrief die Fanfaren
und daß die geisterhaften Sensen sein Gesicht

und ihre Ernten seine Seele waren.

ALFRED LICHTENSTEIN

Nebel

Ein Nebel hat die Welt so weich zerstört.
Blutlose Bäume lösen sich in Rauch.
Und Schatten schweben, wo man Schreie hört.
Brennende Biester schwinden hin wie Hauch.

Gefangne Fliegen sind die Gaslaternen.
Und jede flackert, daß sie noch entrinne.

Doch seitlich lauert glimmend hoch in Fernen
Der giftge Mond, die fette Nebelspinne.

Wir aber, die, verrucht, zum Tode taugen,
Zerschreiten knirschend diese wüste Pracht.
Und stechen stumm die weißen Elendsaugen
Wie Spieße in die aufgeschwollne Nacht.

Mondlandschaft

Oben brennt das gelbe Mutterauge.
Überall liegt Nacht wie blaues Tuch.
Fraglos ist, daß ich jetzt Atem sauge.
Ich bin nur ein kleines Bilderbuch.

Häuser fangen Träume bunter Schläfer
Wie in Netzen in den Fenstern auf.
Autos kriechen wie Marienkäfer
Leuchtende Straßen hinauf.

RUDOLF LEONHARD

Das verlassne Dorf

Wild stiert der Mond über ein Fensterkreuz.
Am eingestürzten Zaune wächst ein
Pumpenschwengel

Nachthimmels lauer Wüste eingedrückt.
Roh klafft das Dach, spitz starren schwarze Sparren.

Nicht einmal wilde Hunde, die nach Knochen scharren;
nicht einmal Ratten. In die Nacht gebückt
bleibt das Gehöft, bleibt breit und braun zerstückt,
und lautlos, da die Fledermaus nicht fliegt.

Aber der Mond hört nicht auf zu scheinen;
unversiegt
stürzt er blaues flutendes Weinen
auf einen nackten Leichnam, der mit gespreizten Beinen
bleich über aufgerissne Stubendiele liegt.

YVAN GOLL

Mond

I

Wie unerbittlich aber schwelltest du
Kleiner Modistinnen einsames Herz
Und polternder Klaviere Himmelssehnsucht.

Wie unerbittlich streutest du dein Leuchten
In dunkelnde und fröstelnde Alkoven
Und hinters Gitter der Gefangenen.

Aus der entbrannten Hölle ihres Herzens
Schrieen die Menschen und verzweifelten
Und rissen sich die Brust im Irrsinn auf
Und starben dran, daß du so schön gewesen.

II

Und als du plötzlich, wie ein wunder Vogel,
Vom Himmel flattertest und deine Flammen
In roten Federn niederfallen ließest:

Wie gräßlich fuhr dein Strahl über die Erde!
Die Tiere hatten Phosphor in den Augen,
Die Häuser brannten ab wie Scheiterhaufen.

Die Menschen, die um dunkle Plätze irrten,
Apachen und Kokotten und Gendarmen,
Sie glaubten wie Indianer an dein Sterben
Und feierten den Tod in dieser Nacht.

III

Wie sollten wir dich anders denn verstehn.
O roter Mund, der sündig sich verzerrte:
Wir Schmachtenden, auf stummer Erde hockend!

Kalt in Mansarden warfst du dein Gemecker.
Und über die verstummten Krankensäle
Ließest du goldne Lerchen zwitschern.

Wir alle standen an die Welt gekreuzigt
Und mußten dich mit unsern Augen schaun.
Und mußten an den Schmerz und an das
Sterben glauben
Und mußten doch noch immer weiter hoffen!

IV

Und eines Nachts troff Blut auf unser Antlitz:
Dein Blut, zu unsres Krieges Blut gemischt,
Rann um die Erde wie ein runder Ring.

Verwundete, tiefknieend bei Kartätschen.
Aufschäumten ihre Lippen von dem Roten.
Und Sterbende ersoffen an dem Trank.

Es war kein Heil im Himmel noch auf Erden:
Wir mußten unsre Häupter tief vergraben.
Wir mußten unsre Lieben tief verschütten,
Und klagten, daß wir eher nicht gestorben.

V

Doch da, als Tänzer und geschminkte Maske,
Befreitest du die Gräber. Säulen barsten,
Der Marmor klirrte, Kränze lösten sich.

Aus deinem Schwelen gläsern stieg ein Christ,
Und blau bemalte, blecherne Marien
Erstrahlten mitten in Geranientöpfen.

O Tänzer, der die Toten all erlöste,
Indessen wir in Schutt und Schmerz und Schlaf
Hinschnarchten und ein Glück verschmähten:
Die Toten lebten und wir waren tot.

Die Gabe des Mondes

Die Vögel schweigen im Baume.
Es neigt der Mond wie im Traume
Sein volles Horn;
Draus fallen zarte Lieder,
Und immer wieder und wieder
Füllt sich der Born.

Im Walde hangen nun viele
Wie seltene Glockenspiele,
Wer weiß, wer sie find't?
Nur einer, ohne zu suchen,
Pflückt sie bei Birken und Buchen –
Die andern sind blind.

HANS SCHIEBELHUTH

An den Mond

Du steigst über uns, gedunsen fahle Grimasse
Du grellst auf die grauen Nebelgebilde im Moor
Du gießest, Giftmischer, gelbes Licht in die klumpige
Masse
Der Nacht, lauernd aus wirrem Gewölk hervor.

Du lockst sanft lächelnd, Lustmörder, und bist doch
dem Wandrer gram
Du erscheinst geduckt, rote Larve, Gespenst über
dunklem Dach
Du grinst, Brandstifter, durch der Gardinen Scham
Du verführst Irre, küssest entsetzliche Sünden wach.

Du erfüllst, glatte Maske, der Toren Herz mit Wahn
Du verwirrst Kinder und Kranke, höhnst Trinker
und äffest die Weisen
Grausamer Sadist, du tust Hunden das
Furchtbarste an,
Daß sie wütend und bellend an ihren Ketten reißen.

Mondaufgang

Indessen du ganz still dasitzest
Und nur dieses besinnst
Du wolltest nie wieder Wege gehn die dir Sorgen
verdüstern

Fällt ein himmlisches Licht ins dunkle Maß
deiner Stund
Das ist: ein blaues Geschnell wie es aufquillt
und quiwwert –
Liebend schickst du dich an
Dein Glück im starken Geist des Gebets zu umhegen.

Siehe mein Freund der Mond dein Freund in der
Nacht ist golden gekommen
Heiter und friedlich freudig in sicherem Wandel
Rührt er dich allmutig an.

ALBIN ZOLLINGER

Ode an den Mond

Fahl in der Kammer
Wie die Nacht schwarzen Marmors
Dämmert der Grund seiner Flut
Voll Geheimnis,
Und oben, bläulich,
Flattert der strömende Quell.

Was auf den Händen mir grau,
Mitternachtsfirn,
Was mir im Auge dunkelt,
Fällt von versunkener Sonne verirrt
Wie der Falter
Herab aus der Lampe, landet

Mit Seufzern der Dünung, die ankommt, nachts,
Sanfter Wandrer,
Im Sande zu ruhen
Von fernem Sturm.
Dunkel erlahmt
In Unendlichkeiten,
Endet das fürstliche Licht
Hier in der Nachfahrn
Armer Verlorenheit,
Mir in der Hand.

Blank im Kristallenen
Blinkst du das mythische Licht
Alles Vergangenen, ewiger Mond:
Heerlager im Schilfe, die Schauer
Um Golgatha
Und den Sänger
Litaipe in der Laube –
O Nachbarschaft
Himmlischer Gründe,
Nähe der Helden!
Von Klöstern
Raucht der Geruch,
Stille der Liebenden
Steht in der Tiefe
Vertrauend.

Milder Born,
Krug der Bläue, geneigt
Auf den Gipfeln der Finsternis
Strömst du uns nächtlichen Nil

In die Täler, durch Tempel,
Durch den Schlaf der Fellachen,
Uralte Heimat, Geruch der Zisternen,
Und untergegangen
Glüht dir der weisse Tag
In den Wüsten,
Du scheinst ihn
Wie Schnee – wie Demeter
Gehst du der Sonne nach,
Letzte Ähren
Zu lesen im Abendfeld, mütterlich
Gütig Gestirn!

WILHELM LEHMANN

Mondjubel

Dämmerung nährt den Mondbeginn.
Aus der Schwermut keimt die Welt
Und wagt anderen Versuch,
Hat der Tag sie hingefällt.

Von dem leisen Licht gebadet,
Wird das schon verlorne Leben
Mit Dianas jungem Leibe
Wieder mir zurückgegeben.

Blätterkühl sind ihre Glieder.
Will ich zur Umarmung nahen,

Wie vom Nachthauch nur die Pappeln
Lassen sie sich von mir fahen.

Aber dankbar der Begegnung
Rauschen sie an meine Lende,
Höher ist der Mond gestiegen,
Und ich fürchte nicht das Ende.

Mond im Januar

Ich spreche Mond. Da schwebt er,
Glänzt über dem Krähennest.
Einsame Pfütze schaudert
Und hält ihn fest.

Der Wasserhahnenfuß erstarrt,
Der Teich friert zu.
Auf eisiger Vitrine
Gleitet mein Schuh.

Von Bretterwand blitzt Schneckenspur.
Die Sterblichen schlafen schon –
Diana öffnet ihren Schoß
Endymion.

Februarmond

Ich seh den Mond des Februar sich lagern
Auf reinen Himmel, türkisblauen.
In wintergelben Gräsern, magern,
Gehn Schafe, ruhen, kauen.

Dem schönsten folgt der Widder, hingerissen.
Die Wolle glänzt, gebadete Koralle.
Ich weiß das Wort, den Mond zu hissen,
Ich bin im Paradiese vor dem Falle.

OSKAR LOERKE

Mondfrost

Der gelbe Heilige fährt langsam droben,
Wo unsre Blicke nichts mehr hassen,
Von kühlster Höhe Murmeltieren
Gefolgt zuerst, nun längst verlassen.

Du, Kind, warfst eine Asternblüte
Hinauf zu ihm – und hast getroffen.
Doch er läßt sie von seiner Wange fallen.
Dort oben hat auch Liebe nichts zu hoffen.

Vollmond

Mein Arbeitsraum war Feuer, Glanz von solcher
Macht,
Wie wenn ein Geist, erschüttert schaffend,
ihn erdacht.

Im Inneren der Flammen schliefen stumm
Viel Schatten, hier aus Ebenholz ein Säulentrumm,
Hier eine Wand, gestürzte Minaretts,
Geläutert aus der Glut des Feuerbetts.

Und was da schattete, schien bunter Traum,
Der aus den Schatten aufgestanden war,
Schien Sklave, der mit müdem Farbentand
Behängt, zu Füßen seines Herren stand.

Auch ich stand meinem Herrn zu Füßen diese Nacht.
Mein Herz schlug laut. Fast wäre es vom Tod
erwacht.

GEORG VON DER VRING

O ewich is so lanck

Inschrift am Gertruden-Friedhof zu Oldenburg

Die Sterne schwinden aus der Bahn,
Es hebt der Mond zu schweben an,
Die weiße Scheibe flugbereit.
Wie einsam ist die Zeit.

Viel andre Zeiten unterm Mond
Verschwanden schon, die hier gewohnt.
Die Menschen blühn und welken ab.
Wie einsam ist ein Grab.

Es glüht der Mond auf Gräber hin.
Mir schläft schon mancher Freund darin.
Sie sind so fern wie Mond und Stern.
O ewig ist so fern.

Sie schlafen lang, sie lebten kaum.
Wie schön hing einst der Mond im Raum.
Sie lebten froh, sie schlafen bang.
O ewig ist so lang.

Verwandelter Mond

Mond, du bist der Schöne nimmer
Meiner frühen Zeit,
Warst für mich der Seidenspinner
An des Himmels Kleid,

Der ein Tuch aus Licht mir legte
Auf die Kammerwand,
Heile Zeichen drin verwebte,
Die ich nicht verstand –

Mond, mir kam viel Zeit abhanden;
Heut am wolkigen Ort

Hängst du als ein Trauermantel,
Der im Wind verdorrt,

Den ich als ein taubes Zeichen
Aus mir selbst versteh,
Vor ich ihn ins Laub hinstreifen
Seh und nicht mehr seh.

Das Schwert

Des Mondes Schwert am Himmel blinkt
Und Stund um Stunde weiterdringt.
Was hab ich all die Nacht gedacht?
Warum vor Gott ein Schwert hinschwingt.

Monduntergang

Lohnt es, zu senken
Die Sichel schauerlich
Hier wo auf Schilfbänken
Wind durch die Mauer
Sich sperrender Halme
Hinstreicht?
Lohnt es den Schnitt?
So trifft mein Herz leicht,
Mond, raff mich mit.

GEORG BRITTING

Der Mond über der Stadt

Der Mond lockt vom Himmel, groß und rot.
Alle Straßen mühen sich, zu ihm hinan zu springen,
Alle Dächer funkeln und wollen zu ihm sich
schwingen:
Hoch hängt er im Blau, hoch überm höchsten Schlot.

Alle Türme heben die Lanzen zu ihm,
Alle Fenster brennen, zu prahlen wie er,
Alle Häuser tanzen auf Füßen schwer
Und streben hinan zu ihm.

Der Mond lockt vom Himmel. Groß und schwer
Und rund kreist die Stadt, voll Begehr
Zu liegen an seinem feurigen Mund.
Keiner brennt so rot wie er.

Mondnacht

Nun kommt der Mond herauf.

Fürchte ihn nicht,
Wenn er auch
Wie eine Feuerkugel
Glut um sich spritzt,
Die Wipfel der Bäume in Brand setzt,

Daß bald der Wald
Dort am Hang
Auflodert in seinem Licht.

Sieh, er beruhigt sich jetzt,
Und brennt gelassen dann
Hoch in der Nacht,
Die ewige Lampe, die tröstlich
Jeglichem leuchtet
In die Stube hinein,
Der schlagenden Herzens allein,
Mit bestaubtem Gewand,
Am Herd sitzt,
Und dem Fuchs noch,
Der im Röhricht am See
Das klagende Reh jagt –
Unhörbar dem weidenden Vieh,
Herläutend vom Waldrand
Und der tiefträumenden Magd.

Zweimal der Mond

Der Mond ist nicht gelb, wie viele sagen –
Der Mond ist rot!
Geh mit mir, und hör den Schnee unter den Schuhen
singen und klagen:
Alles Singende sonst ist tot.

Dort siehst du ihn schon in den Bäumen hängen,
Im rötlichen Schein,
Und zwischen den Ästen sich aufwärts zwängen –
Bald ist er im Blauen allein!

Am frierenden Himmel steigt er hoch,
Und ist dunkel, wie Blut.
Im Bache schwankt er ein zweitesmal noch
Still auf der Flut.

Die Ente, die lautlos die Strömung her schwimmt,
Hackt mit dem Schnabel nach dem Trugbild und
streicht
Unwillig ab und nimmt
Den Flug nach ihm selber, dem roten, hoch droben,
den sie doch nie erreicht.

Neumond

Wenn der Mond nicht da ist
In der schwarzen Nacht,
Und der Sternenwagen auch
Lichtlos fährt,
Ist es unlieb zu gehn
Durch die Lachen.

Aber schon sind die Winde bestellt,
Die Wolken zu jagen,
Und morgen vielleicht

Hat das Sternengefährt
Schon die Lampen erhellt,
Wenn es heraufsteigt über den Wald.

Auch ist in den kommenden Tagen
Der Mond schon bald
Als Hüter und Held
Über der Welt
Und ihren irdischen Plagen.

THEODOR KRAMER

Mond

Ein Hauch weht durchs Haus und die Türe geht auf,
Nacht zieht es mich über den Rand;
das wenige Laub steht im Mondlicht zu Hauf
und kalt liegt das graslose Land.
Erfrorene Schlammkrater, ragen im Feld
die Hügel; die Leere im Obstgarten hält
mich sicher wie nie bei der Hand.

Die Stille der Steinmauer krümmt mir die Zeh'n,
der steigende Mond löst die Haft;
tief hör ich die Schründe der Erdrinde wehn
und schau in den Stämmen den Saft.
Wie hell sind die Traufen, die Dächer wie heil;
mein Leib steht im Stromfeld der Welt und hat Teil
im Austausch der knisternden Kraft.

Mein uraltes Erbe, nun wogt es um mich,
den Schläfen ein bläuliches Bad.
O stellt nicht die Leiter und rührt nicht an mich!
Sehr schwindelnd und rein ist mein Pfad.
Räumt das taube Gestein, das den Strom unterbricht,
aus dem Weg! Denn der Abgrund heischt laut mein Gesicht
und der Tag naht abschüssig und grad.

BERTOLT BRECHT

Liebeslied

»Siehst du den Mond über Soho?«
»Ich sehe ihn, Lieber
Fühlst du mein Herz schlagen, Geliebter?«
»Ich fühle es, Geliebte.«
»Wo du hingehst, da will ich auch hingehn.«
»Und wo du bleibst, da will ich auch sein.
Und gibt es kein Schriftstück vor dem Standesamt
Und keine Lichter auf dem Altar
Und weiß ich auch nicht, woher dein Brautkleid stammt
Und ist keine Myrte im Haar.

Der Teller, von welchem du ißt dein Brot
Schau ihn nicht lang an, wirf ihn fort!
Die Liebe dauert oder dauert nicht
An dem oder jenem Ort.«

PAULA LUDWIG

Zwischen den Stunden

Der volle Mond schließt sich um unser Lieben,
aus seinem Abend tauche ich hervor,
erloschne Lampen füllend vor dem Tor
und ganz der Demut eines Tiers verblieben.

Da ich, Erschauernde, mich selbst berühre,
ob dies der Körper, den du dir erlesen,
und alle Träumerei nicht Traum gewesen –
im Frühlingswehen deine Wohltat spüre

und süß erprüfe, ob Gefühl nicht trüge –
da seh ich wieder vor mir dein Gesicht
und deines Lächelns wilde Zuversicht,
daß ich beseligt Nacht zu Nächten füge.

Mondnacht

Bald fällt der Mond in meinen Schoß
Dann bin ich wie die Nacht so groß
Dann bin ich wie der Wind so nah
Wie der Nebel im Baum, wie der Berg bin ich da

Morgen schon kann ich nicht mehr sein
Aber das Wasser fließt weiter über den Stein
Aber im Lichte glänzet ein fremdes Haar
So hell wie meines, als ich noch im Lichte war.

Und jene die standen in solcher Nacht
Lange vor mir – sie haben mich schon gedacht
Eine Hand taten sie auf und schenkten mir:
Diese Berge die Bäche den Busch und das Tier.

Denn einer muß immer sein, der darum weiß
Daß die Bäume sind und das keimende Reis,
Der die Gräber grüßt und dem Kommenden schon
Zulächelt: Im Schoße dem dunklen Sohn –

Oh in der Gegenwart nächtlichem Sternenfall
Steh ich und lausche auf meiner Stimme
Unendlichen Widerhall …

ODA SCHAEFER

Die Mondsüchtige

Der Mond jagt mich auf hohem First,
Gebleicht schaut dort das Pferdehaupt
Vom Giebel auf die dunklen Hügel –
Ligusterschwärmer, der du schwirrst,
Vom Samt der Nebel wie bestaubt,
Leih meiner Flucht den grauen Flügel!

Es reitet mich zum Tod der Alb,
Drückt mir die zarte Kehle ein,
Bis aus dem Tau der Regenbogen
Der Feuchte steigt – die Nacht wird falb,

Zum runden Brunnen fällt der Stein,
Beschwört die Tiefe, Laich und Rogen.

Die Wasser schwellen mit der Flut,
Schafgarbe schäumt im weißen Licht,
Mit Flossen stürze matt ich nieder,
Verströme kühles, klares Blut
In Kraut und Moos, das Kränze flicht
Der stummen Unke ohne Lieder.

FRIEDRICH RASCHE

Mondbesuch

Der Spiegel rief den Mond herein,
so möge unser Gast er sein.

Nimm Platz, vertrauter Leuchtgesell,
und mach das Herz der Stube hell.

Das Herz der Stube, das sind wir,
sei wohlgesinnt uns wie wir dir.

Sitz hin im Sessel, ruhsam breit,
gönn dir ein Erdenweilchen Zeit,

und halte mit beim Abendwein,
den wir den sanften Menschen weihn.

(O seht – wo seine Lippe lag,
das Glas hat silbernen Beschlag!)

Ein Körnchen Mohn wirf in den Trunk,
dann macht der Schlaf uns tief und jung.

Doch laß die Seele unverwirrt,
genug, daß sie den Tag durchirrt.

Die Bücher segne und das Brot,
ist eins uns wie das andre not.

Nun geht er schon, sein Weg ist weit,
und zugemessen ihm die Zeit.

Vorm Fenster raschelt Nachtgetier,
der Spiegel träumt, bald träumen wir.

MARIE LUISE KASCHNITZ

Der Mond

Wie wundersam erwacht
Die kaum entschlafne Welt,
Wenn in das Haus der Nacht
Der Schein des Mondes fällt.

O Auge, das nicht sieht,
Erloschener Trabant,

O weißer Kelch, entblüht
Der dunkeln Himmelswand.

Dein Licht beglänzt die Saat,
Der schwarzen Wälder Hut,
Und zittert wie ein Pfad
Auf der bewegten Flut.

Und wie in rascher Flucht
Die Wolken dich umwehn,
Erschimmern Land und Bucht
Und schatten und vergehn.

Wie oft schon, reines Licht,
Der Liebe zugesellt,
Hast du das Angesicht
Des Freundes mir erhellt.

Es fällt der Liebe Wort
Süß in die dunkle Zeit,
Wie Mondschein auf den Ort
Der Traurigkeit.

Gingst so stille

Was ich für Träume träume neuerdings
Die Zirruswolken schleichen kätzchenklein
Mir um die Füße das bedeutet Unglück
Die Sonne mit ihren Protuberanzen kocht

In meinem Suppentopf
Eine Leuchtschrift befiehlt mir den Mond
Und die weiche Landung.
Aber das Ding in dem ich stecke schlägt hart auf
Der Mond zerspringt wie eine Küchentasse
Nun bin ich schuld daß es keinen Mond mehr gibt
Gingst so stille
Und was wird sein mit den Liebenden
Was wird sein mit Ebbe und Flut?

PETER HUCHEL

Mondballade

Spätem Monde zugeflogen
über Fluß und Herbstgemach,
schwebte im gestirnten Bogen
uns die Möwe Wolke nach.

Müder Mohn von Traurigkeiten,
Muschel, monden, wolkig, stern,
alles war in unserm Schreiten,
und du schrittest tief und fern.

Wo im Schilf die Sterne landen,
Mond im blauen Abendsee,
da sich unsre Augen fanden,
wie erschrakst du, scheues Reh!

Fiel der Schlaf von unsern Füßen,
Blume Mond aus deinem Haar.
Eh' wir Mohn und Wolke ließen,
brach in deinen Gang Gefahr.

Schritt ich Tiger auf der Fährte
nach dir, junges, blondes Reh,
aber du, die Nachtbescherte,
flohst in Birke, Gras und See.

Bis das Wort, das nicht erlöste,
starb, von vieler Nacht schon schwer,
bis dein Leib, der sanft entblößte,
vor mir lag wie Mond im Meer.

Als sich Stirn und Hang beschwerten,
blühte Mond keusch über dir,
über Fluß, Gewölk und Gärten,
Mond, du weißes, nacktes Tier.

Zunehmender Mond

Arm in meiner Kammer lebend
und ein Knecht, der bitter front,
manchmal aber, sichelschwebend,
wär ich gerne nachts der Mond.
  Schöne Sichel,
  kommst geflogen,
  Himmelsbrücke
  hell gebogen.

Strahlt der rissigblinde Spiegel,
wie wird meine Kammer weit!
Wolke steigt als Silberhügel,
glänzt am Dach die Sichel breit.
  Korn und Saaten,
  Teiche flimmern,
  Distelkronen
  eisig schimmern.

Rauschend regt sich der Holunder,
der die Zweige tauig hebt,
wenn es voll und immer runder
leuchtend in die Nächte schwebt.
  Blüte, willst du
  mich betäuben?
  Blust der Nacht, du
  wirst zerstäuben.

Roter Mond

Knieende im Moos der Sterne
an des Abends Wolkensaum …
aus der roten Mond-Zisterne
heben wir den Krug voll Traum.

Hirtenlieder, Stern-Schalmeien,
im Gewölk ein Flötenmund,
alles spricht uns Benedeien:
Mensch und Mond sind tief im Bund.

Birke, Rain; die Abendlandschaft,
Heimweh, das tief in ihr ruht:
dunkel rauscht die Ur-Verwandtschaft
uns in Erde, Blatt und Blut.

Überm Tal die Mondlaterne
leuchtet auf der Stirn uns rot …
Schläfer wir im Laub der Ferne
träumen neben Weib und Tod.

Der Mond

Der Mond hat einen kühlen Duft
von Blumen, die längst starben.
Er gibt den kalten Glanz der Luft,
dem Himmel kalte Farben.

Doch flammt der Mond nachts distelrot
und leuchtet im Gewässer,
wer weiß, ob nicht an ihm der Tod
wetzt grad sein Sensenmesser.

Der Mond ist oft ein Wetzerstein
und stört den Schlaf der Erde.
Wer weiß, ob nicht in seinem Schein
der Tod schon schirrt die Pferde.

Unter der blanken Hacke des Monds
werde ich sterben,
ohne das Alphabet der Blitze
gelernt zu haben.

Im Wasserzeichen der Nacht
die Kindheit der Mythen,
nicht zu entziffern.

Unwissend
stürz' ich hinab,
zu den Knochen der Füchse geworfen.

HORST LANGE

Mondnacht

Auf der Diele war Eis
Bläulich geronnen, das spiegelnde Licht;
Als ich erwachte, lag weiß,
Wie bereift neben mir dein Gesicht.
Was vorhin noch geblüht, aus Nachtviolen das
duftende Laub,
War nun verdorrt und trug Früchte klappernd
und taub.

Störte den Schlaf mir ein Schritt
Jener, die hinterm Rücken stehn,
Oder ein Schatten, der glitt,
Den keine Augen je sehn?

Rauschen hört ich den Strom, der zum äußersten
Dunkel hinfloß,
Dorthin zog's mich, und mühsam macht ich mich los.

Dünn schwamm das Eis überm Tod,
Abwärts in dämmriger Tiefe hing
Einer an mir als mein Lot –
War ich's, der oben ging?
Giftige Lippen an meinen und kalte Glieder
an mich gedrückt,
Abgeschiedne, verschmachtend zur Erde gebückt.

Hatte ich je dich erkannt,
Mich in die Lust, ins Vergehn dir gestreckt,
Eh die verblichene Hand
Dich mit dem Traum zugedeckt?
Fern lagst du in deiner Blöße, verzückt unterm
Monde und hingegeben
An ein anderes und ein befremdliches Leben.

Bittere Frucht, den Dämonen
Aus dem verfluchten Boden gereift,
Stechapfel, der schwarze Kronen
Von Tollheit mir überstreift …
Wo ich noch eben schwebte, gewichtlos, mit Liedern
bekränzt den Mund,
Tat es sich auf, und ich sank taumelnd zu Grund …

Der Mond

Der Mond, die gelbe Wasserrose,
Taucht aus den blassen Fluten auf,
Es trägt das fremde Namenlose
Aus dunkler Tiefe Licht herauf.
Wie Fische gleiten durch das Meer
Die Sterne hinterher.

Delphin schwingt sich mit starker Flosse
Aus Wellentälern hoch hinan,
Blaumähnig kommen Tritonsrosse,
Die Muschel fängt zu tönen an.
Sie bläst mit Lippen, feucht und rund,
Der niegehörte Mund.

Das Firmament erklingt von Klagen,
Die Wasserrosen duften voll,
Heroen, welche Waffen tragen,
Klirrn auf vor Zorn und bilsentoll.
So glatt des Mondlichts Elfenbein,
Noch härter als ein Stein.

Sehr fern und niemals zu erreichen
Hinschwimmt der kalte Blütenschoß,
Beim Untergang erst, beim Verbleichen
Gewinnt er Sanftmut, warm und groß.
Endymion sah's, der mondeskrank
In schwarze Trauer sank.

GÜNTER EICH

Fragment, dem Mond gewidmet

Von Kaffee und von Träumen lieg ich wach,
vom Mond, der mich bescheint durchs Leinendach.
So bleichte einst er das Septembergras,
wo ich im Harzgeruch der Wälder saß.
Oh voller Mond, ein gelbes Floß der Liebe,
daß ich an seinem Bord geborgen bliebe!
Daß das Gewässer mir des Himmels immer
befahren sei in seinem Silberschimmer,
das Schilf der Sterne und die Uferweiden,
Musik der Wälder, hörbar nur uns beiden!
So rede ich ihn an mit zagem Wort:
Oh Schiff der Armen, nimm mich mit an Bord,
mach mir wie ein Geheimnis wieder kund
in deinem Lichte der Geliebten Mund!
Oh Meeresgrund des Traums, Septembergras,
wo sie im Harzgeruch der Wälder saß –

Abend im März

Ich trete in die Türe ein,
der Mond war vor mir dort.
Ach Mond, du sollst nicht bei mir sein!
Er schweigt und geht nicht fort.

Er wohnt in meiner Stube drin
seit gestern, als ich kam.
Ich seh ihn, weil ich traurig bin,
ich kenn ihn nur im Gram.

Ich zünde keine Lampe an,
ich setz mich in sein Licht.
Durchs Fenster blick ich dann und wann,
der Mond erkennt mich nicht.

So eß ich einen goldnen Fisch,
gieß Wasser mir ins Glas,
wie eine Wiese ist der Tisch,
im Mondlicht wächst das Gras.

Jetzt wird er bald verfinstert sein,
wohl gegen Ende März.
Und sinnlos fällt das Wort mir ein:
»Er ist der Nacht ihr Herz.«

Er ist so blind, er ist so taub,
ihn kümmern Tränen nicht.
Er schwankt im Wind, er hängt im Laub,
ach mit demselben Licht.

Abschied vom Mond

Im Fensterfrost, im weißen Farn
steigt auf der Mond, so gelb wie Harn.
Ich hasse ihn. Er wandelt still,
verschönt, was nicht verschönt sein will,
verfälscht mit seinem sanften Licht
den Kot der Erde zum Gedicht,
zur schwärmerischen Poesie
Blut, Eiter, Typhus, Agonie,
zerlumpte Tote zum Pastell,
den Hungerbauch zum Aquarell,
das Kinderschrein, das Krankenstöhnen
zu schmelzenden Sonatentönen.
Mit dem ich einst verbunden war,
ein selig blindes Freundespaar,
leb wohl, oh Mond, fahr nun allein,
dein Bruder kann ich nimmer sein.

WOLFGANG WEYRAUCH

Als der Mond zu uns kam

Der Mond ist von den Höhn gestiegen,
die über unsern Hütten sind,
er steht in unserm Feuerwind,
er hört das Ach und Weh vom Kind,
er gibt den Reisig für die Wiegen.

Er schenkt die Dämmerung den Alten
und macht sie mit dem Tode satt –
he, Mond, in dieser wilden Stadt
gibts einen Mann, der gar nichts hat,
der schreit und bebt in den Gewalten.

Ihn hält die Schuld in ihren Händen,
ihn und die Frau, die andern auch,
im Herzen qualmt der Teufelsrauch,
ach, unser Hauch ist Elendshauch,
Mond, du, du, Mond, wie wird es enden?

Der Mond, im pfirsichfarbnen Schimmer,
stieg zu den Höhn, woher er flog,
und wie er bei den Sternen zog,
sahn wir ein Kind in seinem Trog,
das küßte uns und rief ins Zimmer:

Ich bin das Kind, ich bin das Mündel
der guten Kindeshaftigkeit,
wenn ihr einst bei den Würmern seid,
ist euer Kind gebenedeit. – –
Oh, seht das Kind im Mondesbündel!

GEORG MAURER

Mond

Wenn wir den Mond beträten, den längst bevölkerten
von Märchen, Sagen voll Keuschheit: der Dichtung
Atem
stiege aus seinen erloschenen Vulkanen! Bände
Mondgedichte
brächten wir ihm – und die Tänze der Neger.
Die Rollbilder der alten Chinesen,
da er den Bambuspfad leichtfüßig betritt,
legten wir aus als majestätischen Teppich,
ihn so zu schmücken – den sternischen Bruder!
Nicht mit leeren Händen kämen wir, nicht ohne
Gesänge.
Tausend Zauberer warben um ihn. Wiegenlieder,
seit Mütter sangen, machten ihn leicht in der Seele
der Kinder.
In den Augen der Astronomen ruhte er,
die die Treppen emporstiegen der Pyramide
von Babel. –
Umworbener, wenn du – ein phrygisch gebogenes
Boot –
m Nachtmeer hängst und die Wolken dein gleißen-
des Deck überspülen
immer noch ein Wunder über dem Neonlicht
der Städte)
oder als Tanzmeister über Afrikas Savannen
n deiner weißesten Maske die schwarzen Glieder
verfolgst,

die aus der Zeit die rasenden Takte holen,
wie im leeren Fell der Trommel der Sturm wohnt und
die Jagd des Bluts –
nie könnt' ich den Zauber vergessen,
schritt' ich auch durch den Staub deiner Wüsten,
würde gewohnt auch dein von Kratern zernarbtes
Gesicht,
wie wir nie den Zauber der ersten Geliebten
mit der Zahl der Jahre und Furchen ganz lösen.

HILDE DOMIN

Auf der andern Seite des Monds

Auf der andern Seite des Monds
gehen
in goldene Kleider gehüllt
deine wirklichen Tage
sie wohnen
wie sonst du
in Helle
verscheucht von hier
weggescheucht
wandeln sie dort
du weißt es sind deine.

Du aber empfängst
Morgen nach Morgen
ihre Stellvertreter:

fremder
als jedes fremde Land.
Du weißt
die deinen
wandeln in Helle
sie ziehen Tag um Tag
neben dir her
nur auf der anderen Seite des Monds.

RUDOLF HAGELSTANGE

Mondaufgang im Kazan-Paß

Wie die Wolken, die weißen,
den Mond bestürmen,
der hinter den Türmen
des Gebirges aufwärts schreitet.

Wie die Wasser gurgeln und reißen
an Fels und Baum.
Bis in den fernsten Traum
der Grille Sang dich begleitet.

Wolken wandern und wehn,
aber das silberne Horn
wie in lächelndem Zorn
geht doch seine Bahn.

Steht dann hoch auf den Höhn,
badet im Wirbel der Fluten.
Alle Bösen und Guten
sehen es staunend an.

KURT HEYNICKE

Der beschossene Mond

Ihr,
die ihr beim Lichte des Monds
die Geliebte geliebt,
(fernes Klavier aus dem Dorf
und naß die Wiese vom Tau
plötzlich das Reh)

singet dem Monde ein Trostlied
aus holdem Verwahr
aus der uralten Herkunft der Dichter:

Der Mond wird soeben beschossen.

Geliebte,
die ihr beim Lichte des Monds
die Geliebte geliebt
(unterm Sanddorn hoch,
einen Dünenschwung weit
und dahinter das Meer)

zeuget dem Monde ein Neulied,
träumt es,
sprecht es nicht aus,
die Musik ist von morgen.

Die internationale Division Mondgedicht
liegt gefallen am Krater Kopernikus.

Zirpt.

Auch der Mann im Monde
ist tot.

HERMANN LENZ

Der Mond

Mädchen mit gepuderten und magern Wangen
Warten unter dem zerborstenen Portal bei Nacht.
Oben ist der fahle Vollmond aufgegangen
Als ein blechernes Gesicht, das lacht.

Lippen spitzen sich zu sanftem Flüstern.
Auf der Säulen glattem Marmorleib
Stehen Kritzeleien, frech und lüstern,
Liebesblätter vom verblühten Zeitvertreib.

Eine junge Dame in den Wandelgängen
Schlangen sich in ihre Haare flicht.
Gräserbüschel, die von kahlen Mauern hängen,
Kitzeln rechts und links das feiste Mondgesicht.

KARL KROLOW

Ballade

Mond schlug in mich seine Kralle,
Den kein Dunkel auf Armen mehr trug.
Im lautlosen Sternenfalle
Rann bitter wie Schöpsengalle
Die Zeit in den Mitternachtskrug,
In die Luft, die sich rollte wie Schlangen,
Wie sie kühl in der Schwärze gehangen.

Die zarten Baumstimmen sogen
Die Wasser der Stille ein.
Von Heuhaufenschatten umflogen,
Den Schlingen des Schweigens betrogen,
Hör ich heiser die Toten schrein,
Die das Mondhorn – ein Rudel Hyänen –
Anbellen, mit rissigen Zähnen.

Sie zeigen sich – haarig wie Geißen –
Die Schultern gebogen und stark.
Die Schädelmelonen gleißen.
Sie drehen auf bröckelnden Steißen
Aus Werg und Holundermark
Und werfen die weißliche Hüfte
Ins wallende Dickicht der Lüfte.

Sie werden zu Laub. Ihre Schritte,
Wie raschelnde Nattern, fliehn fern
In die Tiefe der Nacht, deren Mitte

Sich schwärzt wie erfrorene Quitte
Und duftet nach Mandelkern.
Vom Lichte nach oben gezwungen,
Bin ich vom Mond schon verschlungen.

Mond-Gedicht

Der Mond ist einfach da.
Er zeigt sein anderes Licht
und scheint dir ins Gesicht.
Ich bin dir nie so nah,
und ich sollte es wohl nicht.
Maman ne voulais pas.

Der Mond ist ungeheuer
groß, wenn er über dir ist,
bleibt sanft und voller List
und brennt mit kaltem Feuer
über Spielzeug und Kleidern, ist
dein Kinder-Mond, lang vermißt.

CHRISTINE LAVANT

Die Wolken sind ganz schwarz vom Föhn,
der Himmel fahl wie Kreide,
das Mondpferd sprang noch nie so schön
aus messinggelber Seide.

In tausend Ängsten übersteht
ein Baum das Blattloswerden,
mein Herz, zur Hälfte umgedreht,
ist kaum noch hier auf Erden.

Es fliegt wohl mit dem Birnenlaub
hinauf zum wilden Himmel,
die gelbe Seide tanzt wie Staub
dort um den schlanken Schimmel.

Die lange Mähne gleitet blond
durch alle Wolkenhunde,
vielleicht trägt jetzt das Fohlen Mond
dort meine Sterbestunde?

Der Birnenbaum wirft halbverrückt
sich auf die Dachrandziegel,
er droht, daß dieser Ritt mißglückt
und löst den Fensterriegel.

Ein Föhnwolf schleicht geduckt herein,
tut mir zwar nichts zuleide,
bringt nur mein Herz, den schweren Stein,
zurück, so weiß wie Kreide.

JOHANNES BOBROWSKI

Mondfang

Vom Glanz der Blätter pflück ich am Abend, knüpf
ein Netz mir, lieg im Ufergebüsche, ich
will fangen einen Fisch, auf Dächern
lauern, im Stroh und im Schatten liegen.

Er kommt nicht. Lockte hinter den Wäldern wohl
ein Mäuserascheln oder der Eule Flug?
Lautloses liebt er, doch er wird nicht
bleiben, er kommt, denn die Meere alle,

die weiten Himmel ziehn ihn davon, es strömt
von Finsternissen, uferlos, droben nur
die Inseln Licht, hoch, unerreichbar –
Komm, Mond, ich fang dich, ich kann nicht warten.

RAINER BRAMBACH

Mond

So einfache Sachen wie Kühe melken,
Begonien begießen, damit sie nicht welken,
Kopfsprung ins Wasser, Rasen mähen,
beim Pistonblasen die Backen aufblähen,

beim Überqueren der Straße auf Autos achten

und nachts den Mond wie Klopstock ihn sah
und nachts den Mond wie Goethe ihn sah
und nachts den Mond wie Claudius ihn sah
und nachts den Mond wie Hebel ihn sah,
betrachten.

WOLFGANG BORCHERT

Der Mond lügt

Moabit

Der Mond malt ein groteskes Muster an die Mauer.
Grotesk? Ein helles Viereck, kaum gebogen,
von einer Anzahl dunkelgrauer
und schmaler Linien durchzogen.
Ein Fischernetz? Ein Spinngewebe?
Doch ach, die Wimper zittert,
wenn ich den Blick zum Fenster hebe:
Es ist vergittert!

WALTER HÖLLERER

Venedig, tagsüber Mond

Ein Schreibpult, das die Welt regiert.
Ein Schrank, der Schätze birgt.
Eine Schaluppe, die dich silbernst

(Da ist Geschrei des Markts) durch Kanäle führt:
Fleischrote Melonen, auch gelbe, glänzende.
Tomaten, kupferfarben. Dunkle Trauben.

Segelboote (Bretter, Verknotungen)
Im Hafen: entfliehen sich.
Linien im Spiegel sprechen
Wirklicher.

Drüber der Mond, bleich jetzt am Tag,
Steht Tausende Kilometer fern.
Jahre, nur einige hundert,
Hausen im Palazzo Grimani.

Ah, das Alte! Es knurrt in der Bootswand,
Klopft in Schläfen, hüpft
Auf schmalen Simsen.

Ah, der Mond! – Ein Termitenhügel
Starrt senkrecht unter ihm:
Ordnung, Wandel und Wichtigkeit.

Spinnen sich Fäden ab? ists
Vernehmbar?

MARGOT SCHARPENBERG

Damals war es mein Mond

Damals war es mein Mond, ich kannte
Täler und Höhen genau,
damals nahm er mich mit, er brannte
weiß auf geschwärztem Blau.

Damals zogen wir beide den Bogen
fliehenden Dunkels nach,
selber im Licht. Die Zeiten trogen
Unten die Erde lag brach:

Frucht im Verschrumpfen, schwindende Ränder,
schmal ein Sattel zum Ritt.
Sichel, die mähte, schon sanken die Länder,
auch die Sichel sank mit.

Nun, ein Neuer, beginnt er die Runde
wieder von drüben her.
Fremd die Züge, vorüber die Stunde,
Monde fang ich nicht mehr.

Verdoppelung

Meinem Mond wächst ein Zwilling
es wird eine schwere Geburt

wie leicht war die andere
kopfüber stürzte
der Erstgeborene
als Bild in mein Auge

ich schätzte ihn höchstens
einen Bewohner groß

Mondmann mit Reisig-
bündel
oder Frau Luna
Sprache vertauscht das Geschlecht

auch meine Erde
wurde als Zwilling geboren
zweieiig mit Hilfe
des großen Kopernikus

zwar leb ich noch immer
auf einer Scheibe
die Sonne geht mir noch immer
unter und auf

aber ich fliege
wie unser krater-
narbiger
eisheißer Mond

(kopfentsprungen
und somit ein später
Nachtrag zur Mythologie
sieh Pallas Athene)

ich fliege also
auf einer Kugel durchs All

mich abzustoßen
so wird er geboren
ich kann es bezeugen
die Wahrheit ist doppelt
zu meinem anderen Mond

Mondaufgang im Gebirge

Abgewandert
auf Grate
zur baumlosen Klarsicht

Schafe mähen
die Hänge kahl

ich bin nicht zu erkennen
von ferne
gehör ich zum Stein

auch die Schafe fallen
dem Sichtbaren ab

und Steine sind einzeln
das bindet sie ein

vielleicht sieht man die Grate
meinen erklommenen
aufgefalteten
Augenblickslohn

von ferne

wo sie gegangen sind
wo er jetzt aufgeht
Erde in Sicht
mondhaft weltlos
der Mond

nicht ich
aber der Ort meiner Worte
und offner Pupillen
ist blank in ein neues
wanderndes Blickfeld gekommen

WOLFGANG BÄCHLER

Die Frucht

Gestern hab ich den Mond
vom Himmel gepflückt
und über die Äpfel gelegt.
Von Trauer und Licht bewohnt
hat er sich leise bewegt.
Ich hab ihn zerstückt.

Auf blauer Schale ein Rest
erloschenen Golds
und Brandmale in der Hand
blieben vom nächtlichen Fest.
Ein Schimmer noch rings an der Wand,
gemasert ins Holz.

Weisse Nacht

Für Danielle

Mit dem Mond kann ich nicht
in Einklang kommen.
Ein Blatt der Sonne
verbrennt meine Hand.
Ich riß es vom Ast
und sah ihn bluten
und gelbes Harz
aus den Wunden tropfen.

Ich hatte den Sonnenbogen
zu weit gespannt
und bin ins Dunkle geflogen,
als er zurück
in die Dämmerung schnellte.
Nie
hab ich die Drehung
der Erde so
schwindelnd gefühlt
wie in diesen Sekunden,
Minuten, – Stunden.

In den Graben
der Nacht gespült
seh ich nur noch
dein halbes Gesicht,
mi-fleur, mi-bête,
halb Blume, halb Tier
und nicht mehr von hier,
ins Harzlicht gefaßt.

Mit dem Mond kann ich nicht
in Einklang kommen.
Im Rachen der Raben
färben die Rosen sich schwarz.

ELISABETH BORCHERS

Reise

Der Fluß die Stadt ein Berg
fahrn durch die Nacht

Der Mond springt ab
vom Wolkenrand
brennt schlimmer als zuvor

Ein jeder liebt die Welt so sehr
daß er ins Feuer springt
als sei's ein warmer Schuh

Es ist noch weit
bewegungslos
seh ich mir zu

Sils Maria

Dem Vogel der heute sang
dem Schnee der heute fiel
dem Gedicht das ich hörte
dem Mond der die Sonne überstrahlt
gilt dieses Gedicht.

GÜNTER GRASS

Nachts

Bald ist es nicht mehr so hell
über den Dächern und Kaminen.
Mein Radiergummi und der Mond,
beide nehmen ab.

Nächtliches Stadion

Langsam ging der Fußball am Himmel auf.
Nun sah man, daß die Tribüne besetzt war.
Einsam stand der Dichter im Tor,
doch der Schiedsrichter pfiff: Abseits.

HERTHA KRÄFTNER

Unter dem gleichen Mond
sind wir traurig und einsam,
der Mann in Australien und ich.
Wenn der Mond heraufkommt,
sagt der Mann: O Mond,
Gewächs meiner zärtlichen Wünsche,
gepflanzt auf den Feldern
der Einsamkeit,

Planet der vergeblichen Liebe!
Warum bin ich allein
in diesen warmen Sommernächten?
Und ich sage: O Mond,
Gestirn der Grausamkeit und des Kalten,
Laterne der Wachenden,
die niemanden lieben!
Warum liebe ich nicht
in diesen kalten Winternächten?
Und der Mond hört uns zu,
wie wir singen und weinen,
und gleicht einer Medaille
aus billigem Gold,
wie sie die frommen Schwestern
am Halse tragen,
wenn sie vom Wallfahren
heimkommen.

HANS ARP

Wir alle säumen

Als ich dich zum letzten Male sah
warst du eine weiße Wolke
entschlossen für immer in das Weiße zurückzukehren.
Oft sprachst du von einem kleinen weißen Lied.
Einmal hörte ich dich es weiß auf weiß singen:
»Saumselig zieht der Mond dahin.
Wir alle säumen.

Schnell naht die letzte Stunde
und das letzte Wort erstirbt
und Mond- und Blumenglanz erlischt.«

Aus dem Zyklus »Mondsand«

Ein Engel fragt:
»Kann ich einmal
einen kleinen Augenblick
ein Menschenleben lang
vom himmlischen Saus und Braus
Urlaub nehmen?
Ich möchte gerne
als armer Mensch
den Mond andichten.«

Für Spaziergänger,
die sich gelegentlich einmal
bei einem Nachtspaziergang
vor ihm verbeugen,
hat der Mond nicht viel übrig.
Den Mondträumern aber
gibt er sich ganz hin.
Für sie überbietet er sich
an Süße und Silber.
Mit Mondträumern ist der Mond
immer bereit
zu spielen und zu spaßen.

Mit ihnen hext er auch gern,
läßt Monumente niesen,
was steinern ist fließen,
heizt mit Schneemännern ein.

Er verschwebt, er verschwebt.
Nun ist er ein Mond.
Nun ist er eine Rose.
Nun singt er Lieder.
O die süßen Verwandlungen.
O wie freut er sich
über das Blühen des Traumes.
Ist er ein Traum?
Ist er ein Engel?
Der Engel hält die Rose,
der Engel hält den Traum
in seinen mondenen Händen.
Mondengel umgeben die große Rose.
Ist die Rose ein Mond,
der sich inmitten von Rosen wiegt?
Und der Mond wiegt sich
mit dem Engel.
Und der Mond
wiegt sich mit der Rose.
Und der Mond wiegt sich
mit dem Traum.
Er verschwebt, er verschwebt.

Darf man immer schöner und schöner werden?
Darf man immer größer und größer werden?
Darf man immer silberner und silberner werden?
Verliert der Mond nicht den Faden?
Wenn er sich sähe,
würde er sich nicht mehr erkennen.
So schön darf man nicht werden.
So groß und schön, daß man sich nicht mehr
im Spiegel erkennt.
Und immer weiter träumt der Mond,
träumt lichten Gefilden lichte Gefilde.
immer vielfältiger entfaltet sich der Vielfältige
und läßt aus seinem silbernen Schein
silbernen um silbernen Silberschein duften
zu einem himmelweiten Blumengeschöpf
herrlich engelhaft.

Ein Mond aus Blut.
Ein Mond aus Schnee.
Ein Mond der so tut
als sei er unbeweglich
aber unerwartet und im Handumdrehen
sich vor den Augen eines Mondträumers
in die bodenlose Tiefe fallen läßt
um im gleichen Augenblick
aus der bodenlosen Tiefe
hinter dem Mondträumer
wieder aufzutauchen
stumm wild silbern lächelnd.

GÜNTER KUNERT

Das Gedicht vom Mond

Wie dein Gesicht im dunklen Zimmer
So aufgelöst und fremd
Hängt auch der Mond am schwarzen Himmel.

Hell sah ich ihn und weiß
Und hart geschliffen wie ein Stück Metall.

Am frühen blauen Nachmittag
Manchmal auch blaß und matt,
Als hätte ihn ein Kind gemalt
Mit schlechten Farben,
Doch voll Zärtlichkeit.

Downtown Manhattan am Sonntagnachmittag

Kein Mensch und kein Kunde erscheint,
kein Angestellter,
nicht einmal ein Einwohner und erschiene selbst
im Fernglas nicht.

Was ist geschehen?

Es scheint, all diese Steinkuben, kahl
oder beschnörkelt, sind
ein geometrischer Auswuchs

des felsigen Grundes und inhaltslos
oder bewahren hinter unzähligen Fenstern
zahllose verpuppte Geschöpfe
oder bloß vertrocknete Völker, verpackt
in Frischhaltefolie.
Bis zum jeweiligen Horizont leuchten
an den Kreuzungen alle Ampeln rot, dann gelb,
dann grün
für niemand. Farblose Schwaden umgeben die Gipfel,
aber wer über fünfzig Stockwerke hinausragt,
ist schon in einer anderen sonnigen Welt.

Unten jedoch kriecht mit letzter Kraft
ein schwer erschöpftes Auto aus dem Tunnel
und kommt aus Brooklyn von jenseits des Hades,
und es fragt sich, ob
überhaupt einer drinsitzt. Woher kommt es,
daß jene zerlumpte Gestalt im Eingang
der First National City Bank keine Gestalt
der Geschichte ward? Was geschah,
daß Ben Franklin zur Gänze grün und böse
angelaufen ist? Kam und kam nicht
vom Sockel, da nebenan
im Laden noch gestern die Automaten liefen,
in jedem ein happy-endloser Film: nackte und bunte
Personen boten für einen Quarter das Immergleiche,
das wir schon kennen und das uns doch immer
wieder
überrascht und erregt
und mehr
als die Bilder der Mondlandung

Nun sind sie
alle da oben, und Manhattan ist leer.
Nun schwanken die Schwarzen mit den lila Hüten
auf hohen Hacken durchs Mare Membrum,
schwenken die Polizisten ihr hölzernes Glied
von Krater zu Krater, und
die Verkäuferinnen von Gimbels Kaufhaus
vermehren
am Taurus-Gebirge die Anzahl der fruchtlosen
Furchen:
Hier
ist keiner mehr, und es mag geschehen,
nachdem schon alles geschah, daß eines Tages
jemand von irgendwoher
diese Gegend zwischen East River und Hudson
entdeckt
und herkommt und landet
und irgendwas aufpflanzt,
meinetwegen eine Fahne,
denn dann sind wir jedenfalls
abgereist.

Mondlichtlandschaft

Gestern Nacht
fand ich mich wieder
in einer bedenklichen Szenerie
Alles teils
ausgeblichen teils nachgedunkelt

Kein Mensch wo kein Tier
wie künftig vergeblich
die falbe Welt ohne Regung
außer meinem müden Erschrecken

PETER RÜHMKORF

Variation auf »Abendlied« von Matthias Claudius

Der Mond ist aufgegangen.
Ich, zwischen Hoff- und Hangen,
rühr an den Himmel nicht.

Was Jagen oder Yoga?
Ich zieh die Tintentoga
des Abends vor mein Angesicht.

Die Sterne rücken dichter,
nachtschaffenes Gelichter,
wie's in die Wette äfft –
So will ich sing- und gleißen
und Narr vor allen heißen,
eh mir der Herr die Zunge refft.

Laßt mir den Mond dort stehen.
Was lüstet es Antäen
und regt das Flügelklein?
Ich habe gute Weile,

der Platz auf meinem Seile
wird immer uneinnehmbar sein.

Da wär ich und da stünd ich,
barnäsig, flammenmündig
auf Säkels Widerrist.
Bis daß ich niederstürze
in Gäas grüne Schürze
wie mir der Arsch gewachsen ist.

Herr, laß mich dein Reich scheuen!
Wer salzt mir dort den Maien?
Wer sämt die Freuden an?
Wer rückt mein Luderbette
an vorgewärmte Stätte,
da ich in Frieden scheitern kann?

Oh Himmel, unberufen,
wenn Mond auf goldenem Hufe
über die Erde springt –
Was Hunde hochgetrieben?
So legt euch denn, ihr Lieben
und schürt, was euch ein Feuer dünkt.

Wollt endlich, sonder Sträuben,
still linkskant liegen bleiben,
wo euch kein Scherz mehr trifft.
Müde des oft Gesehnen,
gönnt euch ein reines Gähnen
und nehmt getrost vom Abendgift.

CARL GUESMER

Mond im September

Der Mond geht auf über dem Abschied
verkommender Sonnenblumen,
der Mond geht auf über der spärlichen
Nachsaison der Insel,
der Mond geht auf über meinem letzten
wortlosen Weg am Meer.

Meine Spur hängt dunkel im Sand:
Girlande dem Fest der Flut;
die Dünen des Schlafs in mir
beginnen langsam zu wandern
und vertilgen den Weg.

Der Mond geht auf über der Demut
verspäteter Möwenflüge.
Der Mond geht auf über der Grille,
die das Uhrwerk der Nacht jetzt noch aufzieht.

CYRUS ATABAY

Möglicher Bericht

Es war ein erloschenes Gestirn,
die Oberfläche eine Einöde,
von Kratern genarbt,

die Farbe des Bodens
schwer zu bestimmen
im ungebrochenen Licht
(ohne Übergang, schneidend
unterschieden sich Helligkeit und Schatten).
Zu atmen
in dieser Menschenferne
schien mir ungeheuerlich, Leben
eine rätselhafte Ausnahme.
Und plötzlich begriff ich,
daß die Bedeutung,
die der Erde zukommt
(aufleuchtend, in einem
anderen Schimmer)
von schwindelerregender Evidenz ist,
fast als wäre sie
das Zentrum des Universums.

ANDREAS OKOPENKO

Mittelalterliche Erinnerung

In den Cäcilienbüschen hängt der Mond
In den Cäcilienbüschen hängt der Tanz
Der Veitstanz

Willst du dir ihn pflücken den Tanz
willst du dir ihn pflücken den Mond
Du Hanfbart

Willst du zu den Händen zufassen
Zu den grellen roten Händen zufassen
Die dich zu Bast drehn

Oder ein Tag oder ein Jahr
Oder wie lange tun wir das noch
Und was essen wir vorher?

Erst ein Pfefferkorn dann ein Huhn
Dann einen Fenchelast dann die Luft
Aus dem Giftschrank

Hat uns der Magister vertrieben
Wollt uns der Magister verbrennen
Haben uns an den Händen gehalten und sind ihm
davongerannt

Eine ganze Nacht hat man unser Gelächter gehört
(Durch die ganzen Städte durch die ganzen Dörfer)
In den Cäcilienbüschen hängt der Mond
In den Cäcilienbüschen hängt der Mond
Weißt du

HANS-JÜRGEN HEISE

Der Mond über den Fressalien

Der Mond über den Fressalien
... das war die Lampe im Kühlschrank
letzte Nacht
als ich aufstand
um die Leere des Alls
(wenigstens in mir)
mit einem Stück
harten Käse zu stopfen

ANNEMARIE ZORNACK

so schräg

der mond
hing so schräg
überm küchentisch
daß ich ihn

versehentlich

als melone
anschnitt

REINER KUNZE

Weiße Nacht

Nichts am himmel das
die liebenden zudeckt

Nicht einmal schwarzes nylon
für die haut

Nichts, nur
ein abgebrochener knopf

Und auch er
leuchtet

PETER HÄRTLING

Gedicht mit Mond

Du legst die Hände um den Mond,
damit ich ihn nicht seh.

Wer, frag ich, wer hat wen geschont
und wer tat wann wem weh?

Der Zweifel reißt die Türe auf.
Wer, fragst du, wer wird gehn?

Da weiß ich nun die Antwort drauf:
Ich hab den Mond gesehn.

JOHANNES KÜHN

Lichtwechsel

Es tritt die Nacht sich selber auf die Schleppe
und stolpert, daß der Himmel schwankt.
Ich lehn am Baum,
der Westen hat noch warmen Schein,
wenn er verglomm,
wird östlich rotes Feuer
des Monds erscheinen
und mich umkleiden,
als wäre ich ein Prinz,
der Liebeslieder
zu singen hätt vor Fenstern.

Später Mond

Spät,
daß der Mond noch käme,
geh ich dahin. O Witwentrost,
der du so mild erscheinst
und die Häuser einhüllst,
ich wart auf dich geduldig,
bequeme mich anzuerkennen,
daß Hoheit, die du hast,
mich still begabt,
an Tod und Unsterblichkeit zu denken.
Und da erscheinst du!

Dich fegt kein Straßenkehrer aus der Rinne,
wo dein Bild nun in einer Regenlache liegt,
dich hustet keiner, auch der stärkste Mann nicht,
unter den Wolken weg.
Was will ein Schuß aus einer Flinte
dir antun?

Wer wagt, den Blick so ernst herabzusenden
in dieser lachenstollen Fastnachtszeit,
gewinnt von mir Ehrfurcht,
kindfromme Anerkennung
und Lob aus tiefer Brust.

Sei gegrüßt.

SARAH KIRSCH

Neumond

Der Mond war schwarz die Gänse flogen
Höher als je zuvor in dieser Gegend.
Schnee hastet und steigt im Wirbel.
Der Herd voll Morgenrot rot wie mein Blut.

Kalt

Aus teerschwarzem Meer steigt der
Mond auf. Solltest nun
Unter ein Dach gelangen verehrtes
Herz. Sonst greint die Sehnsucht
Ihren verlorenen Traum von der
Schönheit der Welt die so
Verkommen darnieder
Liegt. Blatt geht weil Frost
Andere Zeit macht.

ALBERT VON SCHIRNDING

Weis nun den Mond
aus deiner Kammer aus.
In deinem Haus
hat er genug gewohnt.

Mit einem Augenwink,
mit leichten Fingern wisch
ihn weg und misch
den Trank und trink.

Was nicht vor Jahr und Jahr
trink was niemals war
und bis zum jüngsten Tag
nicht kommen mag.

Von keinem Mond bewacht,
ohne Sternenfingerzeige
trink bis an die Neige
der tausendersten Nacht.

Das Salz noch auf den Lippen
von fortgezogenen Meeren
verrate und verschweige
dem Morgen dein Begehren.

RAINER MALKOWSKI

Schwierigkeit mit Mond und Sternen

Soviel Mühe den Mond
zu beschreiben.
Von verzehrenden Sternen
gar nicht zu reden.
Und wieviel gilt
ein glänzendes Nachtlied?
Immer sehe ich,
was zwischen den Lichtern ist.
Weit größer der Raum,
der im Finsteren liegt.

Schlechte Nacht

Hinter schwarzer Scheibe weiß:
der Mond.

Nicht größer als ein Taubenei.

Am kahlen Schreibtisch sitzend,
böse,
streck ich einen Arm aus
leg den Daumen
auf das vielbesungene
Gestirn.

ROLF DIETER BRINKMANN

Mondlicht in einem Baugerüst

am Ende des 20. Jahrhunderts, einfach wie
Mondlicht in einer übriggebliebenen
Allee, schön wie ein langes Klaviersolo Lennie
Tristanos,
ein Bücherregal mit noch nicht gelesenen

Büchern, kräftig wie ein Güterzug, flache Schatten,
Entzückungen: voller Mond im September über der
Seitenstraße in der Innenstadt abends 9 Uhr.
Das Wort
Mondlicht erinnert mich u. a. an Mondlicht und

nachts im leeren Gang eines Schnellzuges am Fenster
zu stehen und hinauszublicken auf eine Landschaft,
über der das Mondlicht ausgebreitet ist, offen,
gewöhnlich und unsentimental wie eine dunkle

Tankstelle in der sonst menschenleeren Weite,
oder wie Sonntagnachmittags drei Uhr »hang on,
sloopy« zu hören und auf einen leeren Park
Platz zu schauen, wo ein umgekippter emaillierter

Elektroherd liegt. Mondlicht erinnert mich an Kühe,
die im hochgewachsenen Gras liegen und
friedlich wiederkauen, Mondlicht erinnert mich an
Zimmer, die man betritt und, ehe man das
Zimmerlicht

anknipst, sieht man am Fenster eine Heizung mit
darauf
Mondlicht, durch das man auf einem Weg mit
vereisten
Wagenspuren im Winter geht, Eisflächen unter dem
Mondlicht mit Sternbildern darüber, aufblitzende
weiße

Kristalle: Mondlicht hoch über der Neonbeleuchtung
der Straße, Mondlicht widergespiegelt in den
breiten
Schaufensterflächen in der Innenstadt, menschen
leer, unverständlich, kulissenhaft. Mondlicht erinnert

mich nicht an Schlaftabletten, Mondlicht erinnert mich
nicht an Dialektik, Mondlicht fällt auf einen leeren
Tisch, Mondlicht fällt auf Buchstaben
und Schallplatten. Auf dem Kühlschrank steht weißes

Geschirr, zusammengestellt in der dunklen Küche, in
die Mondlicht fällt, direkt, genau, ohne Vorhänge.
Hinter den Fenstern ist ein Lichtschacht mit
Mondlicht,
das mich an einen Spaziergang ohne zu reden

erinnert, das Gehen, friedlich und einverstanden,
nebeneinander. Das Sonnenlicht kocht die
Zusammenhänge
auf, die Tage sind klar, Arbeit, das Durcheinander
der Dinge,
die verwirrt machen, wüst und den Ausblick

verstellen, Tageslicht schafft den Umsatz, die Sonne
wandert, die Schatten verschieben sich, schieben
sich ineinander, werden flacher und lösen sich auf.
Elektrische Lichter werden angeschaltet. Im ersten

Mondlicht stehen neue Hochhäuser im
Niemandsland am
Ende des 20. Jahrhunderts. Als ich aus der Haustür
trete,
erinnert mich ein dunkles Fenster an 1946er
Mondlicht,
Eisblumen früh abends am Fenster, das Glitzern der

kräftigen Armut, noch nicht von den Bedeutungen
erschöpft,
Mondlicht ist Mondlicht, verteilt in dem weißen
Farn auf
dem Fensterglas. Mondlicht ist keine Entschuldigung
für
irgendwas. Im Mondlicht, bei offenem Fenster,
höre ich

eine Straßenbahn unter dem Mondlicht und
Stimmen
auf der Straße, Mondlicht und weiße leere
Sommerstühle
im Dunkeln, Mondlicht und »wahnsinnig, wie viele
Bäume
hier abgestorben sind«, sagte ich heute abend,
als wir

mit dem Fahrrad die Universitätsstr. entlangfuhren,
Mondlicht und Fahrräder, das mag chinesisch
klingen.
Es war volles Mondlicht und überhaupt nicht wie
die zwei
krummen alten Männer, in Betrachtung des Mondes
versunken,

obwohl ich mich manchmal gefragt habe, was sie
einander
erzählen, wie C. D. Friedrich sie dort auf dem
Schotterweg

gemalt hat, gebückt, vorgebeugt, auf ihren Krücken,
in weite
Umhänge gehüllt. Die Baumwurzeln tanzten,
aus dem Boden

gerissen, in einem fantastischen Schrecken.
Wir fuhren
an Betonflächen entlang, wir starrten die
Häuserfronten
an: da sind Fenster, die keine Fenster mehr sind,
da sind
Straßen, die keine Straßen mehr sind, da sind Häuser

und Zimmer, die keine Häuser und Zimmer mehr
sind.
Hinter den Betonwänden schliefen Menschen.
Haben sie
nur geschaut? Entzückt über Mondlicht und was sie
versäumten?
Kaltes Mondlicht auf der Straße, vergangenes
Mondlicht und

das Mondlicht in hundertdreißig Jahren,
windbewegte
weiße Helle nachts über das Gras, eine weite
Fläche hin. Das Mondlicht gibt keine Auskunft.
Siebzehn Jahre
und Mondlicht in einem aufgebrochenen
Eisenbahnwaggon

ist eine deutliche Situation wie Mondlicht und eine
Haltestelle im Vorort, Mondlicht auf die Kanten
und Ecken der Zimmer. Büromöbel, Aktenschränke,
Schreibtische
im Mondlicht sind häßlich, und eine weiße Wand
mit einem

Feuerlöscher in einem langen Flur mit Mondlicht
ist ein
Feuerlöscher an einer weißen Wand wie meinetwegen
Mondlicht
auf dem Mond, Mondlicht und ein Stapel Formulare,
Mondlicht
und Putzfrauen, Mondlicht und zerrissener
Maschendraht

und eine Sonnenblume. Ah, ich sah noch nie
vorher eine
Sonnenblume im Mondlicht. Die Sonnenblume wirft
einen sanften
großen Schatten im Mondlicht, erstaunlich
wie Mondlicht
auf meinen Schuhen und ein dunkler, abgeschlossener

Gemüseladen im Mondlicht, Artischocken und
Apfelsinen
Kisten mondlichtweiß, Auberginen im Mondlicht,
Zitronen.
Und mir ist egal, ob das Mondlicht paßt oder nicht,
das Mondlicht fällt in den Supermarkt, es macht

die Dinge einfach mehr weniger, und zu fragen,
nach wieviel Stößen kommst du unterm Mondlicht
ist Schwachsinn
unterm Mondlicht, und es macht gar keinen Sinn,
das Mondlicht
anders zu beschreiben als mit Mondlicht.
Und wenn ich sage,

das Mondlicht ist eine Türklinke im Mondlicht,
heißt das,
das Mondlicht ist schön wie Mondlicht,
und es ist Zeit,
mit den Vorschriften aufzuhören.

BERND JENTZSCH

Warnung vor dem Jubel

Aus wollner Tasche steigt der Mond.
Sternen knöchelnah, den Lichtgewürzten,
Reibt er Knöpfe blank am Mantel
Und grünt das bellende
Gesicht der Nacht. Dörfer, unter sich geschleudert,
Entflammen. Das Mondlicht forstet auf.
Im Auge Krater,
Undurchwanderte Gebirge,
Zugespitzte Länder eines einzigen
Mannes,
Grüße ich dich:

Mond,
Dem ich Lachen sende und Pfiffe,
Die Rakete sende ich,
Vom Jubelschweif gefolgt,
Der über Städten steht.
Dem der Jubel folgt: ein Bürokrat,
Reiter auf Zehntelsekunden,
Keine Knöpfe reibt er blank am Mantel,
Bringt zuwege nichts
Außer Pünktlichkeit, nicht einmal
Schaltjahre.

ULLA HAHN

Mann im Mond

Und du
zu kostbar um als Zeugnis
einzugehen in Dichtung erster Hand
als wärest du ein Ding der Phantasie
geschmeckt gekaut hinabgeschluckt
verdaut verwandelt wie der Mond
so hell und klar und kalt so worte
fern nur noch mit Schutzanzug Raketen
Helm Grammatik zu erreichen
und in den Ästen überm
Dach vorm Haus so saftig anzusehen
daß jedermann reinbeißen möchte wie
in' frisch gepelltes Früchtchen Poesie.

HANS GEORG BULLA

Unter der Nacht

Mein kleiner Haß auf den halben
Mond. Mein Zimmer ist nicht gelb
und wird es nie sein.

Im Kreis zieht der Schlaf weiter,
der endlose Fluß. Seinen Anfang
zwischen den Zähnen.

Wer glaubt noch, daß der Morgen
kommt. Halb steht die gelbe Fahne
überm dunklen Land.

CHRISTOPH WILHELM AIGNER

Abend

Stell die Kerze auf den Tisch
Ocker für den Mond der glimmt

Komm. Ich weiß es ganz bestimmt
daß er uns durchs Fenster findet

und uns aneinander bindet
wie der Fischer Fisch an Fisch

Violette Nacht

Dort wo heut Früh die Sonne knisternd
dem Rücken des Bergs ein Loch gebrannt hat
springt der pralle Mond hervor

Mehr ist allein nicht zu ertragen

Sogar die Zikaden nehmen die grellen
Töne zurück. Mir fehlt zum Heulen
die Stimme. Steck die Nase unter
die Achsel roll mich am warmen Stein
zusammen. Sehs durch flatternde Wimpern

HANS BRINKMANN

Mondsucht

Was uns zueinander treibt,
nicht wahr, das ist die Mondsucht.
Unser ist der Mond und weiß,
ein vereister See,
nicht wahr, wie du, wie ich.
Und wo das Eis am dünnsten ist,
nicht wahr, da bricht die Nacht ein,
fällt bis auf den Grund, wo man nicht friert,
nicht wahr, wenn wir erwachen.

Anhang

Zu dieser Auswahl

Die Gedichte sind grundsätzlich nach dem Geburtsjahr des Autors chronologisch angeordnet. Abweichend davon steht das Mond-Gedicht Gleims nach Klopstock, weil es den »Gedankenfreund« von ihm übernommen hat, stehen die jüngeren Autoren Voß und Stolberg vor Goethe, weil jene einer früheren Epoche angehören, dieser mit seinen Mond-Gedichten bis ins Jahr 1828 reicht. Im 20. Jahrhundert hat der Epochenstil noch etwas stärker die Gruppierung bestimmt, damit die Expressionisten und die Dichter der »naturmagischen Schule« enger zusammenstehen. Bei Hans Arp, obwohl noch vor Heym und Trakl geboren, ist berücksichtigt, dass sein Zyklus »Mondsand« erst 1958–59 geschrieben wurde. So auch bei dem zur expressionistischen Generation gehörenden Kurt Heynicke, dessen hier abgedrucktes spätes Gedicht aber die Raumfahrt voraussetzt.

In die Orthographie und Interpunktion der jeweiligen Vorlagen ist nicht eingegriffen worden.

Nachwort

»Ich grüße dich, der du ein Zauberer und Freund der Zauberer bist! Freund der Einsamen. Freund der Helden. Freund der Liebenden. Freund der Guten und Bösen. Mitwisser nächtlicher Geheimnisse« – so redet im »Sizilischen Brief an den Mann im Mond« Ernst Jünger den Erdtrabanten an. Der nach der Sonne zweithellste, erdnächste und so auffallendste Himmelskörper hat seit Jahrtausenden Anrufung und Anbetung erfahren. Seine Veränderungen an Gestalt, Größe, Farbe und Helligkeit haben ihn in manchen Glauben und Aberglauben, in manche Magie und manches Brauchtum aufgenommen.

Wissenschaftlich gibt es um seine Größe, Geschwindigkeit und Umlaufbahn keine offenen Fragen mehr, seine Entstehung ist mit den Theorien über die Entstehung der Erde verbunden, sein Erscheinungsbild, also die Krater, die »Meere« und die vermeintlichen Kanäle, ist kartographisch erfasst, seit 1969 hat der Mensch den Mond sechsmal betreten, und so besteht auch über sein Gestein ein gehöriges Wissen.

Sein Einfluss auf unsere Erde, sei es mit Ebbe und Flut, und auf den Menschen, sei es durch Träume und Schlafwandeln, ist bekannt. Kultische Verehrung seines Zu- und Abnehmens, Rituale während Vollmondnächten, Neumond oder gar Mondfinsternis sind menschheitsgeschichtlich verbreitet. Auch als Kalendermacher diente der Mond. Für die islamische Welt ist der Halbmond religiöses und politisches Symbol.

Wortgeschichtlich verweist »Mond« auf »Wanderer« (am Himmelszelt). Als griechisch Selene (die den schönen Jüngling Endymion liebte) und lateinisch Luna war er weiblich und wurde in der Antike auch mit Frauengöttinnen wie Artemis, Hekate und Diana in Verbindung gebracht. Die Gottesmutter Maria wurde in Skulpturen und Gemälden des späten Mittelalters auf einer Mondsichel stehend dargestellt.

Bedichtet wurde der Mond in vielen Sprachen und zu vielen Zeiten. Sein Leuchten am dunklen Firmament hat auch die Sprache und Poesie merklich bereichert. Allein aus der deutschen Sprache und nur aus der Lyrik sind in diesem Bändchen Texte gesammelt, und sie erweisen sich über mehr als dreieinhalb Jahrhunderte als überraschend wandlungsreich.

Im Barockgedicht freilich ist der Mond eigentlich kein Thema – im Gegensatz zu der Sonne und den Sternen. Er ist, wenn er denn einmal aufscheint, Teil des größeren kosmischen Apparates oder einer mythologischen Anspielung nur. Paul Flemings Gedicht mit seinen mythologischen Personifikationen bestätigt sich als Ausnahme. Wesentlich für die Zweitrangigkeit des Mondes ist, dass er sein Licht von der Sonne geliehen bekommt. Noch Goethes erstes Mond-Gedicht spricht in Rokokomanier Luna als »Schwester von dem ersten Licht« an. Die geschichtliche Epoche des Barocks hatte auch nicht zufällig ihren Sonnenkönig, und ihre Höfe spiegelten sich im Glanz monarchischer Sonne.

Erst mit dem 18. Jahrhundert tritt der Mond gleichsam die literarische Hegemonie unter den Gestirnen an. Am Beginn steht durch Barthold Heinrich Brockes, dem sozusagen ersten Naturlyriker der deutschen Literatur, die sinnliche Wahrnehmung dieses Gestirns durch eingehende nuancierte Beschreibung und durch Betrachtung mit frommem Gemüt. Aber es bleibt eine Distanz zu dem geschauten Phänomen bei Brockes, und es bedarf erst der Empfindsamkeit der folgenden Jahrzehnte, der Entdeckung auch der menschlichen Innerlichkeit, bis der Mond wirklich angedichtet wird oder gar die Grenzen zwischen Ich und Welt in der Mondnacht aufgehoben scheinen. Nun wird der Mond Dialogpartner der Dichter, »Gedankenfreund«, ein sympathischer Gefährte, im Liebesleid mitleidend, sentimental nicht nur in todesnahen Friedhofsszenerien. Seit dieser Zeit gibt es den Mond der Liebenden, der bis heute nicht ganz untergegangen ist. Eine sozialgeschichtliche Literaturwissenschaft sagt, dass das kühle Mondlicht resignativen Charakter hat, das Ergehen darin ein bürgerlicher Solipsismus gegenüber dem unerreichten »Platz an der Sonne« ist. Psychoanalytisch angeregte Literaturbetrachtung wird dagegen Mond-Gedichte – wie die Naturverehrung überhaupt – als Heimkehr zum Mutterleib, zum mütterlich Geborgenen, als Sehnsucht nach Muttergottheiten oder Magna-Mater-Gestaltwerdungen erklären. Auf die Mond-Verehrung der Empfindsamen reagierte bereits der Zeitgenosse Gottfried August Bürger mit einem Spottgedicht. Herders Epigramm bleibt in dieser Zeit ein alleinstehender Beleg für einen Mond der Aufklärung.

Für Goethe ist der Mond ein Du, es strömt Ruhe

aus und sein Licht hat eine reinigende Kraft. Der Dichter, der auch mit einem Spiegelteleskop »observationes lunae« betreibt, vermag mit dem Mond-Motiv zu spielen, ohne die Magie des Mondes zu mindern, ihm verbindet »des vollen Mondes Helle« Vergangenheit und Zukunft und zuletzt spricht er von der »Überseligkeit« der Nacht, wie sie zu einem Hauptmotiv der romantischen Lyrik wird. Diese Mondnacht der Romantik steht nun der Wirklichkeit des Tages konträr entgegen, sie ist »Zaubernacht«, »wundervolle Märchenwelt«, geheimnisvoll, fremd und vertraut zugleich. Neben dem traditionellen Gesang der Nachtigall bringt sie auch schon Verwirrtheit über das menschliche Sensorium und eine Ahnung von »verborgenem Schrecken«. Und es stellt sich in Ansätzen bereits eine Dämonisierung der Gestirne ein: der Mond kann alsbald rot und grün scheinen oder fremd und giftig werden. In Heines Gedichten wird er fast klischeehaft verwendet oder ist einfach »eine Riesenpomeranze«.

Doch zunächst gewinnt die Trivialromantik (»Guter Mond, du gehst so stille«) oder eine Biedermeierisierung (»Wer hat die schönsten Schäfchen?«) in der Mond-Lyrik an Gewicht. Die zweite Hälfte des 19. Jahrhunderts – wir sprechen von »bürgerlichem Realismus« – zeigt nur geringes Interesse am Mond, allenfalls steht er bei Storm und Raabe gerade einmal für Stille und Frieden.

Das ändert sich wieder mit der Wende zum 20. Jahrhundert. Der Erlebnisraum wird erneut kosmisch, und der Mond wird mit allerlei irdischem Geist aufgeladen. Da kann es sein, dass er mit sehr dekadentem Licht scheint (Dauthendey), impressionistisch oder in japanischer Manier aufsteigt (Holz), Märchen inspiriert (Huch) oder geheiligt über Traumlandschaften schwebt (Däubler). Ein ganz vertrauter Gefährte ist er jetzt eigentlich nicht mehr. Er wird zunehmend befremdlich, unerhört, auch böse und schrecklich, ja im Expressionismus wird er ganz und gar in apokalyptische Szenarien (Leonhard, Goll) einbezogen. Oder man versucht unter dem Druck des dämonischen Gegenübers sich dem Mond-Bann ins Groteske zu entziehen wie bei Georg Heym:

> Spitzköpfig kommt er über die Dächer hoch
> Und schleppt seine gelben Haare nach,
> [...]
> Alle Tiere unten in Wald und Gestrüpp
> Liegen mit Häuptern sauber gekämmt
> Singend den Mond-Choral ...

Auf jeden Fall schreibt der Expressionismus, der uns auch den Großstadt-Mond beschert (Hardekopf), nach der Empfindsamkeit und der Romantik das dritte große Kapitel Mond-Gedichte in der deutschen Lyrik, kulminierend gleichsam in Yvan Golls fünfteiligem Mond-Zyklus.

Der Mond bleibt aber Thema auch in den Jahren nach dem Expressionismus. Die Autoren, die nicht gesellschaftlich oder aktuell orientiert schreiben (Manfred Windfuhr schlug jüngst eine Unterscheidung von Seinsdichtern und Zeitdichtern vor) beziehen sich zurück auf die Natur und schaffen sich traditionelle oder private Naturmythologien neu. Und stets ist der Mond Teil dieser größeren Natur- und Poesie-Landschaften. Mehr als früher verbindet er sich dem Element des Wassers, dessen dunkler Tiefe und spiegelnder Faszination. Natürlich bleibt er auch weiter »der Liebe zugesellt« (Kaschnitz) und dem Tod. Neben Peter Huchels fatalistischem Vers »Unter der blanken Hacke des Monds / werde ich sterben« steht Wilhelm Lehmanns poetische Selbstherrlichkeit »Ich weiß das Wort, den Mond zu hissen«. Am Ende dieser neu-mythologischen Motiventwicklung stehen dann Abschiedserklärungen:

> Im Fensterfrost, im weißen Farn
> steigt auf der Mond, so gelb wie Harn.
> Ich hasse ihn. Er wandelt still,
> verschönt, was nicht verschönt sein will,
> verfälscht mit seinem sanften Licht
> den Kot der Erde zum Gedicht …

So schreibt nach dem Zweiten Weltkrieg Günter Eich. Einige Jahre später wird Rainer Malkowski gegen den Mond, »nicht größer als ein Taubenei«, den Arm ausstrecken und »den Daumen / auf das vielbesungene / Gestirn« legen. Der Mond mit seiner inzwischen langen literarischen Tradition war in der zweiten Hälfte des 20. Jahrhunderts doch auch zu einer Metapher unter Metaphern geworden, freilich immer noch einer attraktiven, mehr denn je sich für Gedichte anbietend. Zauberhaft surrealistisch spielt der alte Hans Arp mit ihm.

Und man kann nicht sagen, seitdem der Mond von Menschen betreten wurde, habe er poetisch ausgedient. Die Dichter haben sich sein magisches Leuchten als poetischen Gegenstand nicht nehmen lassen. Da taucht er jetzt, einigermaßen entdämonisiert, als abgebrochener Knopf (Kunze), Lampe im Kühlschrank (Heise) oder Fußball über dem Stadion (Grass) auf. Gleichzeitig nimmt er aber auch weiter seinen Lauf über die Kranken, die Einsamen, die Liebenden: »Unter dem gleichen Mond / sind wir traurig und einsam, / der Mann in Australien und ich« schreibt Hertha Kräftner. Er ist »der einzige natürliche Begleiter der Erde«, wie es in einem Lexikon heißt. Er bleibt wohl auch ein Zauberer – und ein Freund der Zauberer (wenn man denn die Dichter dieser Berufskategorie zurechnen will.)

Verzeichnis der Autoren und Druckvorlagen

CHRISTOPH WILHELM AIGNER (*1954)
176 Weiterleben. Salzburg/Wien: Otto Müller, 1988. (1) © Christoph Wilhelm Aigner, Salzburg.
177 Das Verneinen der Pendeluhr. Stuttgart: Deutsche Verlagsanstalt, 1996. (2) © 1996 Deutsche Verlags-Anstalt, München, in der Verlagsgruppe Random House GmbH.

ANONYM (um 1800–1855)
68 Aus: Deutsche Lieder. Frankfurt a. M.: Insel, 1980.

ANONYM (um 1860)
70 Theodor Haering: Der Mond braust durch das Neckartal. Stuttgart: Deutsche Verlags-Anstalt, 1985. (2. überarb. Neuausg. 1977, Erstausg. 1935).

ACHIM VON ARNIM (1781–1831)
49 Aus: Gedichte der deutschen Romantik. Königstein (Ts.): Athenäum, 1979. (1)
49 Sämtliche Romane und Erzählungen. Bd. 2. München: Hanser, 1963. (2)

HANS ARP (1886–1966)
150 Gesammelte Gedichte. Bd. 2. Wiesbaden: Limes, 1974. (1) © 1974 Limes Verlag, Wiesbaden, genehmigt durch die F. A. Herbig Verlagsbuchhandlung GmbH, München.
151, 152, 153 Ebd. Bd. 3. Zürich, Arche, 1984. (2–6) © 1984 Verlags AG Die Arche, Zürich.

CYRUS ATABAY (1929–1996)
159 An diesem Tag lasen wir keine Zeile mehr. Gedichte. Frankfurt a. M.: Insel, 1974. © 1974 Insel Verlag, Frankfurt a. M.

WOLFGANG BÄCHLER (1925–2007)
146 Ausbrechen. Gedichte aus 30 Jahren. Frankfurt a. M.: S. Fischer, 1976. © S. Fischer Verlag GmbH, Frankfurt a. M.

JOHANNES BOBROWSKI (1917–1965)
139 Gesammelte Werke. Bd. 2: Gedichte aus dem Nachlaß. Stuttgart: Deutsche Verlags-Anstalt, 1987. © 1987 Deutsche Verlags-Anstalt, München, in der Verlagsgruppe Random House GmbH.

ELISABETH BORCHERS (*1926)
148 Gedichte. Ausgew. von Jürgen Becker. Frankfurt a.M. Suhrkamp, 1976. (1)
148 Eine Geschichte auf Erden. Gedichte. Frankfurt a.M. Suhrkamp, 2002. (2)
© Suhrkamp Verlag, Frankfurt a. M.

WOLFGANG BORCHERT (1921–1947)
140 Das Gesamtwerk. Hrsg. von Michael Töteberg unter Mitarb. von Irmgard Schindler. Hamburg: Rowohlt, 2007. © 2007 Rowohlt Verlag GmbH, Reinbek bei Hamburg.

RAINER BRAMBACH (1917–1983)
139 Heiterkeit im Garten. Das gesamte Werk. Hrsg. von Frank Geerk. Zürich. Diogenes Verlag, 1989. © 1989 Diogenes Verlag AG, Zürich.

BERTOLT BRECHT (1898–1956)
114 Werke. Bd. 14. Frankfurt a.M.: Suhrkamp / Berlin: Aufbau, 1993. © Suhrkamp Verlag, Frankfurt a.M.

CLEMENS BRENTANO (1778–1842)
47 Aus: Gedichte der Romantik. Stuttgart: Reclam, 1984. (1)
48 Gedichte. Stuttgart: Reclam, 1995. (2)

HANS BRINKMANN (*1956)
177 Wasserstände und Tauchtiefen. Berlin: Verlag Neues Leben, 1985. © 1985 Verlag Neues Leben, Berlin.

ROLF-DIETER BRINKMANN (1940–1975)
168 Westwärts 1 & 2. Gedichte. Mit Fotos und Anmerkungen des Autors. Erw. Neuausg. Reinbek bei Hamburg: Rowohlt, 2005. © 2005 Rowohlt Verlag GmbH, Reinbek bei Hamburg.

GEORG BRITTING (1891–1964)
110, 111 Gedichte 1930 bis 1940: München/Leipzig: List, 1993. (1–3)
112 Gedichte 1940 bis 1964. München/Leipzig: List, 1996. (4)
© Georg-Britting-Stiftung, Höhenmoos.

BARTHOLD HEINRICH BROCKES (1680–1747)
8 Auszug der vornehmsten Gedichte aus dem Irdischen Vergnügen in Gott. Faksimiledruck nach der Ausgabe von 1738. Stuttgart: Metzler, 1965.

GOTTFRIED AUGUST BÜRGER (1747–1794)
27 Aus: Deutsche Gedichte des 18. Jahrhunderts. Stuttgart: Reclam, 1987.

HANS GEORG BULLA (*1949)
176 Weitergehen. Frankfurt a. M.: Suhrkamp, 1980. © Suhrkamp Verlag, Frankfurt a. M.

HANS CAROSSA (1878–1956)
86, 87 Gedichte. Frankfurt a. M. / Leipzig: Insel, 1995. © Eva Kampmann-Carossa.

MATTHIAS CLAUDIUS (1740–1815)
22, 24 Ausgewählte Werke. Stuttgart: Reclam, 1990.

THEODOR DÄUBLER (1876–1934)
83 Mit silberner Sichel. Leipzig ²1920. (1)
85 Der sternhelle Weg. Leipzig ³1923. (2)
© Friedhelm Kemp, München.

MAX DAUTHENDEY (1867–1918)
77 Gedichte. Stuttgart: Reclam, 1969.

HILDE DOMIN (1909–2006)
132 Gesammelte Gedichte. Frankfurt a. M.: S. Fischer, 1987 [u. ö.]. © S. Fischer Verlag GmbH, Frankfurt a. M.

ANNETTE VON DROSTE-HÜLSHOFF (1797–1848)
60 Gedichte. Stuttgart: Reclam, 1974.

GÜNTER EICH (1907–1972)
127, 128, 129 Gesammelte Werke. Bd. 1: Die Gedichte. Die Maulwürfe. Frankfurt a. M.: Suhrkamp, 1991. © Suhrkamp Verlag, Frankfurt a. M.

JOSEPH VON EICHENDORFF (1788–1857)
52, 53 Gedichte. Stuttgart: Reclam, 1997.

PAUL FLEMING (1609–1640)
7 Deutsche Gedichte. Stuttgart: Reclam, 1986.

JOHANN WILHELM LUDWIG GLEIM (1719–1803)
21 Aus: Deutsche Dichtung im 18. Jahrhundert. München: Hanser, 1960.

LEOPOLD FRIEDRICH GÜNTHER VON GOECKINGH (1748–1828)
34 Aus: Deutsche Gedichte des 18. Jahrhunderts. Stuttgart: Reclam, 1987.

JOHANN WOLFGANG GOETHE (1749–1832)
37, 38, 40, 41, 42 Werke. Hamburger Ausgabe. Bd. 1 und 2. München: Beck, 1981.

YVAN GOLL (1891–1950)
97, 100 Die Lyrik in vier Bänden. Bd. 1: Frühe Gedichte 1906–1930. Berlin: Argon, 1996. © Argon Verlag, Berlin. Alle Rechte bei und vorbehalten durch Wallstein Verlag, Göttingen.

GÜNTER GRASS (*1927)
149 Werkausgabe in zehn Bänden. Bd. 1: Gedichte und Kurzprosa. Göttingen: Steidl, 1997. © Steidl Verlag, Göttingen.

FRANZ GRILLPARZER (1791–1872)
56 Sämtliche Werke. Bd. 1. München: Hanser, [2]1962.

CARL GUESMER (1929–2009)
159 Auswahl. Gedichte 1949–1979. München: Gotthold Müller, 1979.

PETER HÄRTLING (*1933)
163 Gesammelte Werke. Bd. 8: Gedichte. Hrsg. von Klaus Siblewski. Köln: Kiepenheuer & Witsch, 1999. © 1999 Verlag Kiepenheuer & Witsch GmbH & Co. KG, Köln.

RUDOLF HAGELSTANGE (1912–1984)
133 Ausgewählte Gedichte. München: List, 1978. Mit Genehmigung von Regina Stolzke, Dreieich.

ULLA HAHN (*1946)
175 Galileo und zwei Frauen. Stuttgart: Deutsche Verlags-Anstalt, 1997. © 1997 Deutsche Verlags-Anstalt, München, in der Verlagsgruppe Random House GmbH.

FERDINAND HARDEKOPF (1876–1954)
92 Gesammelte Dichtungen. Zürich: Arche, 1963. © 1963 Verlags AG Die Arche, Zürich.

LORENZ LEOPOLD HASCHKA (1749–1827)
35 Aus: Deutsche Dichtung im 18. Jahrhundert. München: Hanser, 1960.

JOHANN PETER HEBEL (1760–1826)
43 Alemannische Gedichte. Mit hochdeutscher Übertragung von Richard Gäng. Hrsg. von Wilhelm Zentner. Stuttgart: Reclam. 1960 [u. ö.]

HEINRICH HEINE (1797–1856)
58, 59, 60 Sämtliche Gedichte. Stuttgart: Reclam, 1997.

HANS-JÜRGEN HEISE (*1930)
162 Luftwurzeln. Ausgewählte Gedichte aus sechs Jahrzehnten. Weilerswist: Liebe, 2009. © Hans-Jürgen Heise, Kiel.

JOHANN GOTTFRIED HERDER (1744–1803)
26 Herders Werke. Bd. 1. Leipzig: Bibliographisches Institut, [o. J.].

GEORG HEYM (1887–1912)
91 Dichtung und Schriften. Bd. 1: Lyrik. Hamburg/München: Ellermann, 1964.

KURT HEYNICKE (1891–1985)
134 Alle Finsternisse sind schlafendes Licht. Gedichte. Worms: Erich Norberg, 1969.

WALTER HÖLLERER (*1922)
140 Der andere Gast. München: Hanser, 1952. © 1952 Carl Hanser Verlag, München.

LUDWIG CHRISTOPH HEINRICH HÖLTY (1748–1776)
29, 32, 33 Aus: Der Göttinger Hain. Stuttgart: Reclam, 1967.

AUGUST HEINRICH HOFFMANN VON FALLERSLEBEN (1798–1874)
67 Gedichte und Lieder. Hamburg: Hoffmann und Campe, 1974.

HUGO VON HOFMANNSTHAL (1874–1929)
81 Gedichte. Stuttgart: Reclam, 2000.

ARNO HOLZ (1863–1929)
75 Werke. Bd. 1: Phantasus (Nachlaßfassung). Neuwied: Luchterhand, 1961.

RICARDA HUCH (1864–1947)
76 Herbstfeuer. Gedichte, Wiesbaden: Insel, 1955. © 1955 Insel Verlag, Frankfurt a. M.

PETER HUCHEL (1903–1981)
120, 122, 123, 124 Gesammelte Werke. Bd. 1: Die Gedichte. Frankfurt a. M: Suhrkamp, 1984. (1, 3–5) © Suhrkamp Verlag, Frankfurt a. M.
121 Ebd. (2) © Nachlass Roger Melis, Berlin.

BERND JENTZSCH (*1940)
174 Die alte Lust, sich aufzubäumen. Lesebuch. Leipzig: Reclam, 1992. © Bernd Jentzsch, Euskirchen.

MARIE LUISE KASCHNITZ (1901–1974)
118 Gesammelte Werke. Bd. 5: Die Gedichte. Frankfurt a. M.: Insel, 1985. (1) © Claassen Verlag in der Ullstein Buchverlage GmbH, Berlin.
119 Gesammelte Werke. Bd. 5: Die Gedichte. Frankfurt a. M.: Insel, 1985. (2) © 1985 Insel Verlag, Frankfurt a. M.

SARAH KIRSCH (*1935)
165, 166 Werke in fünf Bänden. Bd. 3: Gedichte 3. Stuttgart: Deutsche Verlags-Anstalt, 1999. © 1999 Deutsche Verlags-Anstalt, München, in der Verlagsgruppe Random House GmbH.

FRIEDRICH GOTTLIEB KLOPSTOCK (1724–1803)
19, 20 Oden. Stuttgart: Reclam, 1966.

HERTHA KRÄFTNER (1928–1951)
149 Kühle Sterne. Gedichte, Prosa, Briefe. Frankfurt a. M.: Suhrkamp, 2001. © 1997 Wieser Verlag, Klagenfurt/Salzburg.

THEODOR KRAMER (1897–1958)
113 Gesammelte Gedichte. Bd. 3. Wien: Europaverlag, 1987. © 1997 und 2004 Paul Zsolnay Verlag, Wien.

KARL KROLOW (1915–1999)
136, 137 Gesammelte Gedichte. Bd. 1 und 3. Frankfurt a. M.: Suhrkamp, 1985. © Suhrkamp Verlag, Frankfurt a. M.

JOHANNES KÜHN (*1934)
164 Ganz ungetröstet bin ich nicht. Gedichte. Hrsg. von Irmgard und Benno Rech. München: Hanser, 2007. © 2007 Carl Hanser Verlag, München.

GÜNTER KUNERT (*1929)
154 Erinnerungen an einen Planeten, Gedichte aus fünfzehn Jahren. München: Hanser, 1963. (1) © 1963 Carl Hanser Verlag, München.

154 Verlangen nach Bomarzo. Reisegedichte. München: Hanser, 1978. (2) © 1978 Carl Hanser Verlag, München.
156 Mondlichtlandschaft. Göttingen: Steidl, 1991. (3) © Steidl Verlag, Göttingen.

REINER KUNZE (*1933)
163 Gespräch mit der Amsel. Frankfurt a.M.: S. Fischer, 1984. © 1984 S. Fischer Verlag GmbH, Frankfurt a.M.

HORST LANGE (1904–1971)
124, 126 Gedichte aus zwanzig Jahren. München: Piper, 1948. © Eberhard Horst, Gröbenzell.

ELSE LASKER-SCHÜLER (1876–1945)
83 Gesammelte Werke. Bd. 1: Gedichte 1902–1943. München: Kösel, 1959. © Suhrkamp Verlag, Frankfurt a.M.

CHRISTINE LAVANT (1915–1973)
137 Kunst wie meine ist nur verstümmeltes Leben. Salzburg: Otto Müller, 1978. © Otto Müller Verlag, 1. Auflage, Salzburg 1978.

WILHELM LEHMANN (1882–1968)
104, 105, 106 Gesammelte Werke in acht Bänden. Bd. 1: Sämtliche Gedichte. Stuttgart: Klett-Cotta, 1982. © J.G. Cotta'sche Buchhandlung Nachfolger GmbH, Stuttgart.

NIKOLAUS LENAU (1802–1850)
62 Gedichte. Stuttgart: Reclam, 1993.

HERMANN LENZ (1913–1998)
135 Zeitlebens. Gedichte 1934–1980. München: Schneekluth, 1981. © Hanne Lenz, München.

RUDOLF LEONHARD (1889–1953)
96 Polnische Gedichte. Leipzig: Kurt Wolf, 1918. © Wolfgang Leonhard, Manderscheid.

ALFRED LICHTENSTEIN (1889–1914)
95, 96 Dichtungen, Zürich: Arche, 1989.

OTTO ZUR LINDE (1873–1938)
80 Prosa, Gedichte, Briefe. Wiesbaden: Franz Steiner, 1974. (Verschollene und Vergessene.) (1).
80 Charon. Auswahl aus den Gedichten. München: Piper, 1952. (2)

OSKAR LOERKE (1884–1941)
106, 107 Die Gedichte. Frankfurt a. M: Suhrkamp, 1983.

PAULA LUDWIG (1900–1974)
115 Gedichte. Gesamtausgabe. Ebenhausen bei München: Langewiesche-Brandt, 1986.

RAINER MALKOWSKI (*1939)
167 Was für ein Morgen. Frankfurt a. M.: Suhrkamp, 1975. (1)
168 Zu Gast. Frankfurt a. M.: Suhrkamp, 1983. (2)

GEORG MAURER (1907–1971)
131 Werke in zwei Bänden. Bd. 1. Halle/Leipzig: Mitteldeutscher Verlag, 1987.

ALFRED MOMBERT (1872–1942)
79 Dichtungen. Bd. 1. München: Kösel, 1963.

CHRISTIAN MORGENSTERN (1871–1914)
78, 79 Alle Galgenlieder. Stuttgart: Reclam, 1989, 1999.

EDUARD MÖRIKE (1804–1875)
70 Sämtliche Werke. München: Hanser, 1958.

FRIEDRICH NIETZSCHE (1844–1900)
74 Also sprach Zarathustra. Stuttgart: Reclam, 1994.

ANDREAS OKOPENKO (*1930)
160 Grüner November. München: Piper 1957. © Andreas Okopenko, Wien.

WILHELM RAABE (1831–1910)
72 Sämtliche Werke. Bd. 20. Göttingen: Vandenhoeck & Ruprecht, 1968.

FRIEDRICH RASCHE (1900–1965)
117 Gedichte. Konstanz: Süd-Verlag, 1949.

RAINER MARIA RILKE (1875–1926)
82 Sämtliche Werke. Bd. 2: Gedichte. Zweiter Teil. Frankfurt a.M.: Insel, 1956.

FRIEDRICH RÜCKERT (1788–1866)
54 Gedichte. Stuttgart: Reclam, 1988. (1)
55 Ausgewählte Werke in einem Band. Leipzig: Reclam, [o.J.]. (2, 3)

PETER RÜHMKORF (*1929)
157 Werke. Bd. 1: Gedichte. Reinbek bei Hamburg: Rowohlt, 2000. © 2000 Rowohlt Verlag GmbH, Reinbek bei Hamburg.

ODA SCHAEFER (1900–1988)
116 Irdisches Geleit. München: Desch, 1946. © Eberhard Horst, Gröbenzell.

MARGOT SCHARPENBERG (*1924)
142 Gefährliche Übung. München: Piper, 1957. (1)
143 Spuren. Duisburg: Gilles & Francke, 1973. (2)
144 Neue Spuren. Duisburg: Gilles & Francke, 1975. (3)
Mit Genehmigung von Margot (Wellmann-)Scharpenberg. New York.

HANS SCHIEBELHUTH (1895–1944)
101 Gedichte 1916–1936. Übertragungen. (Werkausgabe in 2 Bdn. Hrsg. von Manfred Schlösser. Bd. 1.) Darmstadt/Zürich: Agora, 1966. © Agora-Verlag, Berlin.

ALBERT VON SCHIRNDING (*1936)
166 Mit anderen Augen. Gesammelte Gedichte, Ebenhausen bei München: Langewiesche-Brandt, 1986. © Langewiesche-Brandt, Ebenhausen bei München.

FRIEDRICH SCHLEGEL (1772–1829)
46 Aus: Gedichte der Romantik. Stuttgart: Reclam, 1984.

FRIEDRICH LEOPOLD VON STOLBERG (1750–1819)
36 Aus: Ihr Saiten tönet fort. Lyrik des achtzehnten Jahrhunderts. Zürich: Artemis, 1946.

THEODOR STORM (1817–1888)
71 Gesammelte Werke. Bd. 1. Frankfurt a.M.: Insel, 1975.

LUDWIG TIECK (1773–1853)
47 Aus: Gedichte der Romantik. Stuttgart: Reclam, 1984.

GEORG TRAKL (1887–1917)
87, 88, 90 Werke. Entwürfe. Briefe. Stuttgart: Reclam, 1984.

JOHANN HEINRICH VOSS (1751–1826)
37 Aus: Deutsche Gedichte des 18. Jahrhunderts. Stuttgart: Reclam, 1987.

GEORG VON DER VRING (1889–1968)
107, 108, 109 Die Gedichte. Ebenhausen bei München: Langewiesche-Brandt, 1989. © Langewiesche-Brandt, Ebenhausen bei München.

ROBERT WALSER (1878–1956)
86 Die Gedichte. Frankfurt a.M.: Suhrkamp, 1986. © 1986 Suhrkamp Verlag, Frankfurt am Main. Mit freundlicher Genehmigung des Inhabers der Rechte, des Robert-Walser-Zentrums, Bern.

CHRISTIAN FELIX WEISSE (1726–1804)
22 Aus: Deutsche Gedichte des 18. Jahrhunderts. Stuttgart: Reclam, 1987.

WOLFGANG WEYRAUCH (1907–1980)
129 Lerche und Sperber. Gedichte. Hamburg: Rowohlt, 1948. © 1948 Piper Verlag GmbH, München.

PAUL ZECH (1881–1946)
93 Ausgewählte Werke. Bd. 1: Gedichte. Aachen: Shaker, 1999. © Paul-Zech-Erben.

ALBIN ZOLLINGER (1895–1941)
102 Gedichte. Zürich: Atlantis, 1956. © Artemis & Winkler Verlag, Düsseldorf.

ANNEMARIE ZORNACK (*1932)
162 strömungsgefahr. gedichte 1961–1998. Düsseldorf: Eremiten-Presse, 1999. © 1999 Eremiten-Presse, Düsseldorf.

Der Verlag Philipp Reclam jun. dankt für die Nachdruckgenehmigungen den Rechteinhabern, die durch den Textnachweis und einen folgenden Genehmigungs- oder Copyrightvermerk bezeichnet sind. Für einige Autoren waren die Inhaber der Rechte nicht festzustellen. Hier ist der Verlag bereit, nach Anforderung rechtmäßige Ansprüche abzugelten.

Verzeichnis der Gedichtanfänge

Inhalt

Anhang